essentials

Essentials liefern aktuelles Wissen in konzentrierter Form. Die Essenz dessen, worauf es als „State-of-the-Art" in der gegenwärtigen Fachdiskussion oder in der Praxis ankommt. *Essentials* informieren schnell, unkompliziert und verständlich

- als Einführung in ein aktuelles Thema aus Ihrem Fachgebiet
- als Einstieg in ein für Sie noch unbekanntes Themenfeld
- als Einblick, um zum Thema mitreden zu können

Die Bücher in elektronischer und gedruckter Form bringen das Fachwissen von Springerautor*innen kompakt zur Darstellung. Sie sind besonders für die Nutzung als eBook auf Tablet-PCs, eBook-Readern und Smartphones geeignet. *Essentials* sind Wissensbausteine aus den Wirtschafts-, Sozial- und Geisteswissenschaften, aus Technik und Naturwissenschaften sowie aus Medizin, Psychologie und Gesundheitsberufen. Von renommierten Autor*innen aller Springer-Verlagsmarken.

Michael Krebs · Christine Kuhn

Mehr SMART als PHONE – fokussiert und inspiriert arbeiten

Michael Krebs
Zug, Schweiz

Christine Kuhn
Dornach, Schweiz

ISSN 2197-6708　　　　　　ISSN 2197-6716　(electronic)
essentials
ISBN 978-3-662-71520-8　　ISBN 978-3-662-71521-5　(eBook)
https://doi.org/10.1007/978-3-662-71521-5

Die Deutsche Nationalbibliothek verzeichnet diese Publikation in der Deutschen Nationalbibliografie; detaillierte bibliografische Daten sind im Internet über https://portal.dnb.de abrufbar.

© Der/die Herausgeber bzw. der/die Autor(en), exklusiv lizenziert an Springer-Verlag GmbH, DE, ein Teil von Springer Nature 2025

Das Werk einschließlich aller seiner Teile ist urheberrechtlich geschützt. Jede Verwertung, die nicht ausdrücklich vom Urheberrechtsgesetz zugelassen ist, bedarf der vorherigen Zustimmung des Verlags. Das gilt insbesondere für Vervielfältigungen, Bearbeitungen, Übersetzungen, Mikroverfilmungen und die Einspeicherung und Verarbeitung in elektronischen Systemen.
Die Wiedergabe von allgemein beschreibenden Bezeichnungen, Marken, Unternehmensnamen etc. in diesem Werk bedeutet nicht, dass diese frei durch jede Person benutzt werden dürfen. Die Berechtigung zur Benutzung unterliegt, auch ohne gesonderten Hinweis hierzu, den Regeln des Markenrechts. Die Rechte des/der jeweiligen Zeicheninhaber*in sind zu beachten.
Der Verlag, die Autor*innen und die Herausgeber*innen gehen davon aus, dass die Angaben und Informationen in diesem Werk zum Zeitpunkt der Veröffentlichung vollständig und korrekt sind. Weder der Verlag noch die Autor*innen oder die Herausgeber*innen übernehmen, ausdrücklich oder implizit, Gewähr für den Inhalt des Werkes, etwaige Fehler oder Äußerungen. Der Verlag bleibt im Hinblick auf geografische Zuordnungen und Gebietsbezeichnungen in veröffentlichten Karten und Institutionsadressen neutral.

Springer ist ein Imprint der eingetragenen Gesellschaft Springer-Verlag GmbH, DE und ist ein Teil von Springer Nature.
Die Anschrift der Gesellschaft ist: Heidelberger Platz 3, 14197 Berlin, Germany

Wenn Sie dieses Produkt entsorgen, geben Sie das Papier bitte zum Recycling.

Was Sie in diesem *essential* finden können

- Überblick über die Herausforderungen der digitalen Ablenkung.
- Verschiedene Ansatzpunkte zur Förderung von Aufmerksamkeit, Fokus und Produktivität im digitalen Zeitalter.
- Praktische Übungen, um sowohl persönliche und berufliche Ablenkungen zu reduzieren und eine Kultur der Konzentration zu fördern.
- Anregungen, die eigene Smartphone-Nutzung zu überdenken und gezielte Strategien zu entwickeln, um ein konzentrierteres und erfüllteres Leben zu führen.

Interessenkonflikt Die Autor*innen haben keine für den Inhalt dieses Manuskripts relevanten Interessenkonflikte.

Inhaltsverzeichnis

1	**Einleitung**..		1
2	**Bewusst durch den digitalen Alltag: Fokus, Aufmerksamkeit und Ablenkung**...		5
	2.1	Homo Digitalis und der Verlust von Aufmerksamkeit und Fokus..	5
		2.1.1 Zwei zentrale Aspekte: Aufmerksamkeitsdefizit und Informationsüberflutung...........................	6
		2.1.2 Multitasking und Konzentrationsfähigkeit............	8
		2.1.3 Der Smartphone-Reflex: Hintergründe und Bewältigung...................................	13
		2.1.4 Smartphoneabhängigkeit...........................	15
	2.2	Innere und äussere Auslöser für Ablenkungen.................	17
		2.2.1 Auslöser von Ablenkungen.........................	18
		2.2.2 Umgang mit inneren Auslösern von Ablenkungen.......	19
		2.2.3 Umgang mit äusseren Auslösern von Ablenkungen......	21
		2.2.4 Eigene Verpflichtungen und Reflexion................	22
	2.3	Psycho-soziale Muster von Ablenkungen.....................	23
		2.3.1 Soziale Ablenkungen – die Angst etwas zu verpassen und der Trieb sich inszenieren zu müssen..............	23
		2.3.2 Inszenierungs- und Geltungsdrang – Perfektionismus und Selbstoptimierung.............................	24
		2.3.3 Übungen und Praktiken zum besseren Umgang mit den Herausforderungen der psycho-sozialen Ablenkungsmuster................................	26

3	**Kompetenzstärkung: Achtsamkeit, Deep Work und Energie**		29
	3.1	Achtsamkeit	29
		3.1.1 Was ist Achtsamkeit?	29
		3.1.2 Mind full oder Mindful? Verschiedene Arten von Aufmerksamkeit	30
		3.1.3 Formelle versus informelle Achtsamkeitspraxis	32
		3.1.4 Vorteile und Nutzen von Achtsamkeit	33
		3.1.5 Übungen und Praktiken zum besseren Umgang mit Achtsamkeit	34
	3.2	Deep Work	36
		3.2.1 Was ist Deep Work?	36
		3.2.2 Shallow work und die Auswirkungen auf unser Hirn	37
		3.2.3 Vorteile und Nutzen von Deep Work	38
		3.2.4 Übungen und Praktiken zum besseren Umgang mit Deep Work	39
	3.3	Energiemanagement	42
		3.3.1 Wirkungsmodell zur Gesundheitsförderung	43
		3.3.2 Übungen und Praktiken für ein effektives Energiemanagement	44
4	**Fazit**		47

Was Sie aus diesem *essential* mitnehmen können ... 49

Literatur ... 51

Über die Autoren

Dr. rer. oec. Michael Krebs ist Dozent am Institut für Personalmanagement und Organisation der FHNW, Hochschule für Wirtschaft und extended faculty member der Edinburgh Business School an der Heriot-Watt University. Er unterrichtet Organisational Behavior, Leadership, Change Management sowie HRM in Aus- und Weiterbildung. Bis 2019 war er 14 Jahre bei der Credit Suisse in unterschiedlichen Funktionen. Zuvor war er Human Resource Manager bei GE Capital; Leiter HR und Organisation bei Redsafe Bank (ehemalige Tochter der Swiss Life) und Management-Berater bei Cap Gemini (Gemini Consulting).

Prof. Christine Kuhn ist Professorin am Institut für Personalmanagement und Organisation der Fachhochschule Nordwestschweiz, Hochschule für Wirtschaft. Sie unterrichtet Human Resource Management in verschiedenen Aus- und Weiterbildungen, mit Schwerpunkten im internationalen HRM, Talent und Performance Management und Coaching. Zuvor war sie über zwanzig Jahre in verschiedenen Führungs- und HR Beratungsfunktionen in unterschiedlichen Branchen, im In- und Ausland, tätig. Sie ist zudem Gründerin und CEO von BEYOND Coaching GmbH und Verwaltungsrätin.

Einleitung 1

Du betrittst das Büro, setzt dich an deinen Schreibtisch, öffnest deinen Laptop – bereit, endlich produktiv zu sein. Doch bevor du überhaupt die erste E-Mail richtig lesen kannst, vibriert dein Handy unerbittlich – deine Kollegin braucht sofort eine Antwort. Gleichzeitig klingelt das Telefon, deine Vorgesetzte will ein Update, während das Chat-Fenster hektisch blinkt und dich zum nächsten Meeting hetzt. Dein Kopf schwirrt bereits, und du merkst, wie der Fokus auf deine eigentlichen Aufgaben schwindet. Am Ende des Tages hast du das Gefühl, viel Zeit mit Kleinigkeiten verbracht zu haben, und die wichtigsten Aufgaben liegen immer noch vor dir.

Fokussiert und inspiriert arbeiten in einer digitalisierten Welt voller Ablenkungen, beschleunigten Veränderungen und verdichteten Arbeitsformen ist eine enorme Herausforderung geworden. In unserer hochgradig vernetzten Welt haben viele Menschen genau damit Schwierigkeiten. Für viele ist es anspruchsvoll, sich auf eine Sache zu konzentrieren und den Fokus aufrechtzuerhalten. Darum geht es in dem vorliegenden Buch, das eine konkrete Anleitung zu mehr Fokus und Aufmerksamkeit bietet und auf einem im Rahmen eines Forschungsprojekts an der Fachhochschule Nordwestschweiz, Hochschule für Wirtschaft erprobten Action Learning Programm mit umfangreichen Arbeitsmaterialien basiert.

Du kannst dieses Buch allein lesen und die verschiedenen Übungen ausprobieren. Wir empfehlen, sich Kollegen und Kolleginnen zu suchen und in einer kleinen Gruppe von 2–3 Personen die Themen zu bearbeiten, um sich wechselseitig zu motivieren und die Erfahrungen gemeinsam zu reflektieren. Dafür hat sich ein Zeitraum von 12–24 Wochen bewährt.

© Der/die Autor(en), exklusiv lizenziert an Springer-Verlag GmbH, DE, ein Teil von Springer Nature 2025
M. Krebs und C. Kuhn, *Mehr SMART als PHONE – fokussiert und inspiriert arbeiten,* essentials, https://doi.org/10.1007/978-3-662-71521-5_1

Das Buch ist thematisch in sechs Teile gegliedert; für jedes Teilthema empfehlen wir sich 2–4 Wochen Zeit zu nehmen und durch Ausprobieren und Handeln zu lernen (Action Learning). Die ersten drei Teile sollen das Bewusstsein für Fokus, Aufmerksamkeit und Ablenkung stärken und erste Ansatzpunkte für einen veränderten Umgang mit Ablenkungen bieten. Dazu werden Hintergründe zum Homo Digitalis, zu Auslösern von Ablenkungen und zu sozialen und psychologischen Mustern der Aufmerksamkeitssteuerung erläutert. In den letzten drei Themenblöcken wird das Thema nochmals aus der Perspektive der praktischen Veränderung beleuchtet und die eigene Lösungskompetenz vertieft und gestärkt. Dabei spielt die Achtsamkeit eine zentrale Rolle, die es in den Arbeits- und Lernalltag zu integrieren gilt. Darüber hinaus wird mit „Deep Work" ein Ansatz zur Verbesserung und Planung der Produktivität vorgestellt – ein echter Differenzierungsfaktor auf dem Arbeitsmarkt. Schliesslich wird der Umgang mit Energie und Ressourcen sowie die Bedeutung von Ernährung, Bewegung und Schlaf für unsere Leistungsfähigkeit und unser Wohlbefinden ausgeführt (Abb. 1.1).

Die wissenschaftlichen Grundlagen zu den einzelnen Themen werden zu Beginn der einzelnen Kapitel kurz aufgeführt und weiterführende Literatur ergänzt. Der Schwerpunkt liegt auf dem Learning by Doing anhand von praktischen Übungen und Reflexionen. Dabei basiert das Konzept des Buchs auf der Logik der Aktionsforschung und folgt dem Prinzip "Lernen und Verändern durch Handeln" (Reason, 2004). Ein verändertes Bewusstsein ist dafür eine zwingende Voraussetzung für Veränderungen, wirkliche Erfolge ergeben sich jedoch aus dem praktischen Handeln. Dabei gilt: Schon mit kleinen Veränderungen der eigenen Routinen und Handlungsmuster sind grosse Erfolge möglich. Dies ist schnell

---

A) Sensibilisierung und Bewusstmachung
- Teil 1: Homo Digitalis
- Teil 2: Auslöser von Ablenkungen
- Teil 3: Psycho-soziale Muster

B) Kompetenzstärkung
- Teil 4: Achtsamkeit im Alltag
- Teil 5: Deep Work und Produktivität
- Teil 6: Energie und Resourcen

Abb. 1.1 Aufbau des Buches

1 Einleitung

spürbar und die Steigerung der eigenen Kompetenz und Selbstwirksamkeit ist enorm motivierend. Soziale Einbindung und Unterstützung gibt es durch die Gruppe oder auch durch eine Partnerin oder einen Partner auf der Lernreise. Neugier, Offenheit und ein spielerischer Zugang unterstützen den Lernerfolg: eben mithilfe dieses Buches!

Zur Reflexion der einzelnen Kapitel eignen sich die folgenden Fragen:

- Welche Relevanz hat das Thema für mich und meinen Alltag?
- Wie ist es mir mit meinen Massnahmen ergangen? Was war zielführend? Was nicht? Warum nicht?
- Wo habe ich Lernfortschritte gemacht?
- Was habe ich in Bezug auf dieses Thema über mich selbst gelernt?
- Was werde ich in Zukunft anders machen? Was könnte mir helfen, meine Ziele zu erreichen?
- Bei welchen Erfahrungen möchte ich den Austausch mit meiner Gruppe suchen? Was haben die anderen gelernt, das ich für mich nutzen kann, und was können sie von mir lernen?

Wir wünschen viel Spass!

Michael Krebs & Christine Kuhn

2 Bewusst durch den digitalen Alltag: Fokus, Aufmerksamkeit und Ablenkung

Die Digitalisierung hat unser Arbeits- und Lernverhalten grundlegend verändert. Unser Gehirn ist evolutionär darauf programmiert, ständig nach neuen Informationen zu suchen – eine Fähigkeit, die in der Vergangenheit unser Überleben sicherte. Der Neurowissenschaftler Adam Gazzaley (Gazzaley & Rosen, 2018) beschreibt den Menschen als "information-seeking creature", da wir darauf ausgerichtet sind, neue Reize aufzuspüren, wahrzunehmen und darauf zu reagieren. Während diese Eigenschaft einst entscheidend war, um Gefahren zu erkennen oder Ressourcen zu finden, stellt sie uns heute vor neue Herausforderungen. Durch die permanente Verfügbarkeit digitaler Informationen wird unser **natürlicher Suchdrang** verstärkt – oft mit negativen Konsequenzen. Ständige Benachrichtigungen, Multitasking und die Flut an Informationen führen zu Ablenkung, kognitiver Überlastung und Konzentrationsproblemen (Gazzaley & Rosen, 2018; Jäncke, 2021). Viele Menschen kämpfen im Alltag damit, fokussiert zu bleiben, produktiv zu arbeiten oder bewusst zu lernen.

Die folgenden drei Kapitel helfen dabei, ein besseres Verständnis für diese Mechanismen zu entwickeln. Sie zeigen, warum Ablenkung so mächtig ist, wie soziale und psychologische Faktoren unsere Aufmerksamkeit beeinflussen und welche ersten Schritte dabei helfen, den Fokus gezielt zu stärken.

2.1 Homo Digitalis und der Verlust von Aufmerksamkeit und Fokus

Dieser Teil widmet sich der Vertiefung der Chancen und Herausforderungen des "Homo Digitalis", wobei der Schwerpunkt auf Fokus und Aufmerksamkeit liegt. Zudem werden konkrete Verbesserungsmöglichkeiten für fokussiertes Arbeiten und Lernen innerhalb der einzelnen Schritte des Action Learning Programms vorgestellt.

"Homo Digitalis" ist ein informeller Begriff, um Menschen im heutigen digitalen Zeitalter zu beschreiben, das durch Technologien wie künstliche Intelligenz, virtuelle Realität, Internet of Things, digitale Medien, Vernetzung und Technologieabhängigkeit geprägt ist. Der Begriff verdeutlicht die tiefgreifenden Veränderungen im Verhalten, Denken und in der sozialen Interaktion, die durch die schnelle Integration digitaler Technologien in unseren Alltag hervorgerufen werden. Insofern ist der Begriff "Homo Digitalis" nicht streng oder formal definiert wie etwa die biologischen Taxa z. B. "Homo Sapiens". Christian Montag (Montag, 2018) beschreibt in seinem Buch "Homo Digitalis" anschaulich die unterschiedlichen Facetten des Ausdrucks und illustriert, basierend auf seiner Forschung, die Veränderungen in unserem Verhalten und unserer Psyche.

2.1.1 Zwei zentrale Aspekte: Aufmerksamkeitsdefizit und Informationsüberflutung

Der Homo Digitalis kämpft mit der Aufmerksamkeit und leidet an Informationsüberflutung. Das Verständnis dieser Tendenz ist entscheidend, um effektive Strategien zur Aufmerksamkeitssteuerung zu entwickeln.

Aufmerksamkeitsdefizit
Ein wichtiger Grund für das Aufmerksamkeitsdefizit ist die ständige Exposition gegenüber kurzlebigen Informationen (z. B. Tweets, Status-Updates, Benachrichtigungen). Diese Reizüberflutung kann dazu führen, dass es vielen Menschen schwerfällt, sich über längere Zeit auf eine einzige Aufgabe zu konzentrieren. Gloria Mark (Mark, 2023) hat in ihrer wissenschaftlichen Untersuchung die "Attention Span" bei der Computerarbeit über einen längeren Zeitraum analysiert und markante Veränderungen festgestellt. Die durchschnittliche Aufmerksamkeit auf einen Bildschirm am Arbeitsplatz ist von 2,5 Minuten im Jahr 2004 auf lediglich 47 Sekunden gesunken, mit einem Median von 40 Sekunden. Viele Mitarbeitende überprüfen ihre E-Mails bis zu 11-mal pro Stunde, was bei einem 8-Stunden-Arbeitstag insgesamt 88 Unterbrechungen entspricht. Zudem werden 70 % aller E-Mails innerhalb von nur 6 Sekunden nach Erhalt geöffnet, was auch darauf zurückzuführen ist, dass 84 % aller Mitarbeitenden ihr E-Mail-Programm ständig im Hintergrund geöffnet haben (Korte, 2021, S. 71).

Eine Studie aus den USA zeigt, dass wir unsere Smartphones an einem Tag im Durchschnitt 2617-mal berühren (Hari, 2022). Diese Kultur der ständigen

2.1 Homo Digitalis und der Verlust von Aufmerksamkeit und Fokus

Erreichbarkeit und die Nutzung von Technologien wie E-Mail, Chat und sozialen Medien fragmentieren unsere Zeit und verringern unsere Konzentrationsfähigkeit (Goleman et al., 2015; Newport, 2022). Zudem führt ein intensiver Aufenthalt im Cyberraum und in digitalen Welten zu einem Realitätsverlust und begünstigt fremdbestimmte Aufmerksamkeitsstrukturen, wie Joachim Bauer in seinem Buch "Realitätsverlust" detailliert erläutert (Bauer, 2023).

Informationsüberflutung (Information overload)
Im digitalen Zeitalter stehen uns mehr Informationen zur Verfügung als je zuvor. Das Volumen an Informationen und Wissen hat sich in der Informationsgesellschaft vervielfacht, und der Zugang zu diesem Wissen ist erheblich einfacher geworden. Der Begriff "Information Overload", auch als Informationsüberflutung bekannt, wurde 1970 von Alvin Toffler (1990) in seinem Buch "Future Shock" geprägt. Dieses Phänomen beschreibt eine Situation, in der Menschen mit einer solch grossen Menge an Informationen konfrontiert werden, dass ihre kognitiven Fähigkeiten überfordert sind. Es tritt besonders häufig auf, wenn Informationen aus unterschiedlichsten Quellen ständig auf uns einströmen. Dies kann überwältigend sein und es erschweren, sich auf das Wesentliche zu konzentrieren oder zwischen wichtigen und unwichtigen Informationen zu unterscheiden. Martin Korte (2021) hat in seinem Buch "Hirngeflüster" dieses Phänomen eindrucksvoll im Kontext der Funktionsweise unseres Gehirns anhand seiner wissenschaftlichen Forschungen beschrieben.

Nach Korte (2021, S. 71 ff.) strömen pro Sekunde 400.000 Sinnesreize auf das Gehirn ein. Die bewusste Verarbeitungskapazität des Gehirns beträgt beim Menschen etwa 120 Bit pro Sekunde. Um jemandem beim Sprechen zuzuhören, verbrauchen wir bereits 60 Bit pro Sekunde. Wenn wir nur drei Dinge gleichzeitig tun, sind wir hoffnungslos überfordert. Aber nicht nur der Versuch, zu viel in kurzer Zeit parallel zu verarbeiten, kann gefährlich in die Irre führen: Auch wenn Lernreize, Bilder, Texte, Grafiken zu schnell hintereinander auf uns einströmen, kann das dazu führen, dass Wichtiges übersehen wird. Bereits auf der Wahrnehmungsebene kann eine Reizüberflutung zu einem Versager der Informationsverarbeitung führen. So haben wir Probleme, schnell aufeinander folgende Reize zuverlässig zu erkennen.

Die ständige Präsenz von vielen Informationen wirkt sich negativ auf unsere Konzentrationsfähigkeit aus, was dazu führt, dass die Zeitspannen, in denen wir uns konzentrieren können, immer kürzer werden. Bitte schätze kurz ein, inwieweit du als Homo Digitales selbst davon betroffen bist und wo du Dich auf einer Skala von 1 bis 10 (1 = überhaupt nicht und 10 = absolut) in Bezug auf deine Aufmerksamkeits- und Konzentrationsfähigkeit einordnen würdest.

Grundsätzlich gilt: Wenn wir die Dinge nacheinander und konzentriert erledigen, haben wir auch mehr Zeit für die Aufgaben, es ist weniger hektisch und das Arbeiten und Lernen macht mehr Spass, weil die Stresskomponente durch die zeitliche Überforderung wegfällt.

▶ **Übungen und Praktiken** Folgende Übungen und Praktiken können Dich unterstützen, deine Aufmerksamkeitsspanne zu erhöhen:

- Festlegen von Spielregeln zur Kommunikation (privat und geschäftlich): über welche Kanäle wird wann kommuniziert, was sind die erwarteten Erreichbarkeitszeiten und Reaktionszeiten? → Klären der Erwartungshaltungen!
- Bei Openspace Office: Tischkärtchen "nicht stören" oder rote Lampe, Rückzugsmöglichkeiten inQ quiet Room ohne Smartphone etc.
- Pomodoro Technik: Zeiträume für konzentriertes Arbeiten (Fokuszeit) festlegen (siehe dazu Abschn. 3.2)

Folgende Übungen und Praktiken können Dich unterstützen, die Informationsflut zu reduzieren:

- Abwägen, welche Informationen und Reize ich wie oft reduzieren bzw. weglassen kann und dies ausprobieren. Vorher-Nachher-Effekt auswerten.
- Beobachten, wie ich mich nach einem Tag mit vielen Reizen und Informationen und nach einem Tag mit wenigen Reizen und Informationen fühle (Bewusstsein ist der erste Schritt zur Veränderung). Am Abend ab 21 Uhr die Reizflut für einen besseren Schlaf verringern.
- Die Zeit, in der ich News, E-Mails etc. lese, auf wenige Male am Tag beschränken.

2.1.2 Multitasking und Konzentrationsfähigkeit

Viele digitale Werkzeuge wie Chat, E-mail, Apps und KI-Tools fördern das Multitasking. Eine kompetente Nutzung der Tools kann zu deutlichen Produktivitätssteigerungen führen; die Verführungen und Überforderungen durch Multitasking sind allerdings gross.

2.1 Homo Digitalis und der Verlust von Aufmerksamkeit und Fokus

Der Hirnforscher Korte (2021) und Wissenschaftsjournalist Hari (2022) erörtern in ihren Werken umfassend das Thema Multitasking und die Grenzen unseres Gehirns bei der gleichzeitigen Bearbeitung mehrerer Aufgaben. Ihre Diskussion basiert unter anderem auf neurowissenschaftlichen Forschungen (siehe auch Gazzaniga et al., 2019; Gazzaley & Rosen, 2018) die zeigen, wie unser Gehirn auf die ständige Forderung reagiert, mehrere Informationen gleichzeitig zu verarbeiten. Diese Lektüre bietet wertvolle Einblicke und ist empfehlenswert für alle, die sich intensiver mit den Auswirkungen des Multitaskings auf unser Lernen und Arbeiten auseinandersetzen möchten.

▶ Der Begriff **"Multitasking"** stammt aus der Welt der Informatik und wurde in den 1960er Jahren geprägt. Damals entwickelten Informatiker Computer mit Prozessoren, die mehrere Aufgaben gleichzeitig und parallel ausführen konnten. Dieses technische Konzept wurde metaphorisch auf die Arbeitsweise des Menschen übertragen, was zu der weit verbreiteten Vorstellung führte, Menschen könnten, wie Computer mehrere Dinge gleichzeitig effizient erledigen.

Unser Gehirn hat eine begrenzte Fähigkeit, mehrere Gedanken gleichzeitig zu verarbeiten. Obwohl viele Menschen glauben, dass sie viele Dinge gleichzeitig denken können, kann unser Hirn in der Regel nur einen oder maximal zwei Gedanken gleichzeitig im Bewusstsein halten. Diese Einschränkung ergibt sich aus der grundlegenden Struktur und Funktionsweise des menschlichen Gehirns. Die Annahme über mehrere Dinge gleichzeitig nachdenken zu können, ist also eine Einbildung, denn der Mensch ist nicht in der Lage, mehrere anspruchsvolle Aufgaben gleichzeitig auszuführen. Was wir als Multitasking wahrnehmen, ist in Wirklichkeit eine Illusion, ein Ein- und Herschalten oder ein schneller Wechsel zwischen verschiedenen Aufgaben. Während dieses Prozesses wechselt das Gehirn ständig zwischen verschiedenen Regionen und Netzwerken (Gazzaley & Rosen, 2018). Sowohl unbewusste Ablenkungen (wie Geräusche oder Smartphone-Benachrichtigungen) als auch bewusste Entscheidungen führen zu diesem Wechsel. Bei komplizierten Aufgaben wird die Überforderung schnell offensichtlich, beispielsweise wenn man versucht, zwei verschiedene Podcasts auf dem linken und rechten Ohr gleichzeitig zu hören.

Im Gegensatz zum Multitasking sind wir bei einfachen Tätigkeiten zu einer crossmodalen Aufmerksamkeit fähig. So können wir beispielsweise beim Gehen oder leichten Joggen gleichzeitig nachdenken oder uns unterhalten, was oft sogar förderlich ist (Eyal & Li, 2021, S. 119).

Der ständige Wechsel zwischen Aufgaben hat drei wesentliche Auswirkungen auf die Konzentrationsfähigkeit.

1) **Kognitive Kosten des Aufgabenwechsels (switching costs):** Das Wechseln zwischen verschiedenen Aufgaben verursacht kognitive Kosten, die zu Effizienzverlusten und vermehrtem Zeitaufwand führen. Diese "Switching Costs" bedeuten, dass das Gehirn sich bei jedem Wechsel neu orientieren muss, was Leistungseinbussen und Verlangsamung der Arbeitsgeschwindigkeit zur Folge hat. Deshalb ist das sequenzielle und fokussierte Abarbeiten von Aufgaben effizienter. Studien zeigen, dass es beim Multitasking bis zu 50 % länger dauert, Aufgaben zu erledigen, obwohl wir uns im Multitasking-Modus sehr produktiv fühlen. Zudem führt der ständige Wechsel zwischen den Aufgaben dazu, dass wir uns deutlich weniger an das erinnern, was wir im Multitasking-Modus erlebt und erarbeitet haben, da weniger im Langzeitgedächtnis verankert wird (Korte, 2021, S. 71 ff.).

Häufiges Wechseln zwischen Aufgaben kostet wertvolle geistige Energie. Bei der Nutzung von Smartphones zum Multitasking wird dieser Verlust besonders deutlich, da neben der Bildschirmzeit auch zusätzliche Zeit benötigt wird, um sich nach dem Wechsel zwischen den verschiedenen Tätigkeiten wieder auf die ursprüngliche Aufgabe zu konzentrieren, was insbesondere bei jungen Erwachsenen einen erheblichen Zeitaufwand darstellt (Maas, 2024, S. 62 ff.).

Multitasking hat jedoch noch weitere Auswirkungen. Eine von Hewlett Packard in Auftrag gegebene Studie zeigte, dass Ablenkungen wie E-Mails und Anrufe den Intelligenzquotienten (IQ) von Mitarbeitenden um durchschnittlich 10 Punkte senkte (Hari, 2022, S. 58). Ständiges Wechseln zwischen Aufgaben erhöht zudem die Ermüdung und führt zu Stress und Erschöpfung (Mark, 2023 oder bezogen auf Kinder und Jugendliche Haidt, 2024). Wir sind am produktivsten, wenn wir uns auf maximal zwei Dinge gleichzeitig konzentrieren: unsere Absicht für eine Aufgabe und die Aufgabe selbst. Durch sequenzielles und fokussiertes Arbeiten haben wir mehr Zeit, es ist weniger hektisch, und wir haben mehr Spass an der Arbeit und am Lernen.

2) **Fehleranfälligkeit und Oberflächlichkeit beim schnellen Task-Switching:** Der ständige Wechsel zwischen Aufgaben führt zu einer höheren Fehleranfälligkeit und oberflächlicheren Denkprozessen, da die kognitive Kontrolle und das Arbeitsgedächtnis beeinträchtigt werden (Gazzaley & Rosen, 2018). Beim Wechseln zwischen Aufgaben muss das Gehirn häufig zu vorherigen Gedanken zurückkehren, was nicht immer reibungslos gelingt und zu Fehlern führt. Statt sich auf tiefgründiges Denken zu konzentrieren, wird wertvolle Zeit mit Fehlerkorrekturen und der Rückverfolgung von Gedankengängen verschwendet, was die effiziente Nutzung kritischer Denkressourcen beeinträchtigt.

Wissenschaftlichen Befunde zeigen, dass Digital Natives, also junge Menschen, bereits in der Schule auf Multitasking konditioniert werden, was zu einer

2.1 Homo Digitalis und der Verlust von Aufmerksamkeit und Fokus

hohen Fehleranfälligkeit, verkürzten Konzentrationsspanne und einer Suche nach schnellen Belohnungen führt. Diese digitale Abhängigkeit vermindert die Fähigkeit, langfristige Ziele zu verfolgen, macht süchtig und verängstigt (Haidt, 2024). Einmal konditioniert, reagieren wir äusserst empfänglich auf Vibrationen und Töne, die den Empfang von Nachrichten wie Mails und gesendeten Bildern begleiten. Unser Arbeits- und Lernverhalten wird oft von der Schnelligkeit der Belohnungen beeinflusst, wodurch digitale Medien wie Computerspiele, Chat, E-Mail und soziale Netzwerke einen hohen Suchtfaktor entwickeln. Wir werden schneller zu digitalen Junkies, als uns bewusst ist. Diese Gewohnheiten können unsere Effektivität und Fokussierung nachhaltig beeinträchtigen, was zu einer höheren Fehleranfälligkeit und einer oberflächlichen Auseinandersetzung mit Informationen und Wissen führt (Korte, 2021). Ein grundlegendes Prinzip in der Wissensarbeit besagt, dass nur aufmerksam aufgenommene Informationen auch wieder abgerufen werden können. Jede Unterbrechung stört den Arbeits- und Lernfluss.

Es erregt nur noch das Aufmerksamkeit, was visuell und "schrill" daherkommt. In Unternehmen führt dies zu unzureichend vertieftem Denken, was erhebliche Zusatzkosten verursacht, die oft nicht quantifiziert werden. Besonders bei jungen Menschen leidet die Fähigkeit, langfristige Ziele intrinsisch zu verfolgen, was das Commitment und Engagement im Berufsleben beeinträchtigen kann. Rüdiger Maas (2024, S. 62 ff.) beschreibt in seinem Buch "Generation Arbeitsunfähig" die Herausforderungen, mit denen diese Generation in digitalen und beruflichen Umfeldern konfrontiert ist.

3) **Langfristiger Verlust von Kreativität durch Multitasking:** Einer der langfristigen Effekte von häufigem Multitasking ist ein Verlust an Kreativität, die entsteht, wenn das Gehirn Zeit hat, über das Aufgenommene nachzudenken und neue Verbindungen zwischen verschiedenen Ideen und Konzepten herzustellen. Wenn das Gehirn jedoch ständig mit dem Wechseln zwischen Aufgaben und der Fehlerkorrektur beschäftigt ist, so verhindert dies die Entwicklung von originellen, kreativen Gedanken. Kreativität kann hingegen gefördert werden, wenn Zeit für ungestörtes Nachdenken und Tagträumen eingeräumt wird (Hufnagl, 2014, S. 58 ff.). Diese Phasen sollten nicht als Zeitverschwendung abgewertet werden. Ein ausgewogenes Wechselspiel zwischen fokussiertem Denken und freien, kreativen Assoziationen steigert die Kreativität (siehe auch Abschn. 3.1).

Fazit: Diese Erkenntnisse zeigen, dass Multitasking und schnelles Task-Switching weit verbreitete, aber ineffektive Praktiken sind, die Produktivität, Genauigkeit und Kreativität schädigen. Diese Gewohnheiten beeinträchtigen zudem das Gedächtnis und erhöhen Stress, was zu chronischer mentaler Überlastung führen kann, ähnlich einer chronischen Entzündung, nur dass in diesem

Fall nicht das Immunsystem, sondern das Gehirn überfordert ist. Es ist daher verwunderlich, dass viele Meetings in Unternehmen oft mehr einem - Multitool- und Multitasking-Umfeld als einem fokussierten Dialog ähneln. Eine Annäherung zur Quantifizierung der betriebswirtschaftlichen Kosten von Ablenkungen und Arbeitsunterbrechungen bietet Starker et al. (2023), die mithilfe ihres Modells auf mehr als 110 Mrd. € Kosten pro Jahr für die deutsche Volkswirtschaft kommen.

Cal Newport (2024, S. 26 ff.) bezeichnet im Kontext der Wissensarbeit die für andere sichtbaren Aktivitäten, wie das schnelle Abarbeiten von E-Mails, Chats oder Meetingteilnahmen, auch als **"Pseudoproduktivität"**, das heisst als Annäherung an bzw. als ineffizienten Ersatz für echte Produktivität. Im Bereich der Wissensarbeit fehlt aus seiner Sicht ein klares Produktivitätskonzept analog der Input–Output Relation etwa in der industriellen Produktion, weshalb Newport den Begriff "slow productivity" prägt, um auf eine nachhaltigere Herangehensweise hinzuweisen (Newport, 2024, S. 27).

▶ **Übungen und Praktiken** Folgende Übungen und Praktiken können dich unterstützen, Multitasking zu reduzieren:

- Setze klare Prioritäten: Beginne deinen Tag mit einer klaren Vorstellung davon, was du erreichen möchtest. Erstelle eine To-Do-Liste und ordne die Aufgaben nach ihrer Priorität analog einer werteorientierten Zeitplanung (Eyal & Li, 2021, S. 56 ff.). Konzentriere dich darauf, eine Aufgabe nach der anderen zu erledigen, beginnend mit den wichtigsten. Dies hilft dir, nicht in die Falle des Multitaskings zu tappen, da du dich auf das Wesentliche konzentrierst (Korte, 2021, Eyal & Li-Eyal, 2021).
- Tägliche Multitasking-freie Zone einrichten: Plane jeden Tag bewusst eine Stunde ein, in der du dich ganz auf eine einzelne Aktivität konzentrierst, ohne parallel andere Tätigkeiten auszuführen. Diese Zeit soll dir helfen, dich zu regenerieren und die Vorteile des fokussierten Arbeitens zu erleben.
- Beschränkung auf **ein** Gerät und eine Anwendung: Verpflichte dich dazu, zu einem Zeitpunkt nur **ein** elektronisches Gerät (sei es ein PC, Smartphone, Tablet etc.) zu nutzen und darauf lediglich eine Anwendung oder ein Programm geöffnet zu haben. Dies fördert eine tiefere Konzentration auf die jeweilige Aufgabe und hilft, Ablenkungen durch Multitasking zu minimieren.

- Übe achtsames Arbeiten: Achtsamkeit beim Arbeiten bedeutet, dass du dir deiner aktuellen Tätigkeit voll bewusst bist, ohne dich von anderen Dingen ablenken zu lassen (siehe Abschn. 3.1). Eine einfache Technik, um dies zu erreichen, ist die oben genannte Pomodoro-Technik (siehe Abschn. 3.2). Diese Methode hilft nicht nur, die Konzentration zu verbessern, sondern fördert auch regelmässige Pausen, um Überarbeitung und Erschöpfung vorzubeugen. Während der fokussierten Arbeitszeit schliesst du bewusst alle Quellen von Ablenkungen aus und widmest dich ausschliesslich der Aufgabe vor dir.
- Selbstbeobachtung des eigenen Befindens nach Tagen mit unterschiedlichem Multitasking-Level: Nimm dir vor, genau zu reflektieren, wie du dich nach einem Tag fühlst, an dem du viel multitaskt oder schnell Aufgaben gewechselt hast, im Vergleich zu einem Tag, an dem du dich auf einzelne Aufgaben konzentriert hast. Das Bewusstsein über die eigenen Reaktionen und Empfindungen ist ein kritischer Schritt auf dem Weg zur Veränderung.

2.1.3 Der Smartphone-Reflex: Hintergründe und Bewältigung

Der sogenannte Smartphone Reflex ist eine weitverbreitete Verhaltensroutine, die sich in den letzten 10 Jahren generationsübergreifend entwickelt hat. Menschen greifen in nahezu jeder Situation zum Smartphone, um Ablenkung oder Beschäftigung zu suchen. Dabei wird das Erlernen des Smartphone Reflexes durch Belohnungen verstärkt (vgl. Montag, 2018, S. 16).

Daher sieht man in öffentlichen Verkehrsmitteln immer weniger Menschen ohne Smartphone. Es wird zunehmend schwieriger, den Smartphone Reflex zu unterbrechen und Langeweile aushalten. Die Belohnungen, die mit der Smartphone-Nutzung verbunden sind, festigen dieses Verhalten, das sich schnell einschleicht und nur sehr schwer wieder ablegen lässt. Verstärkung in unvorhersehbaren Intervallen (intermittierende Verstärkung) führt dabei zu einer besonders widerstandsfähigen Gewohnheit, die kaum zu löschen ist (Montag, 2018, S. 17 f.).

Psychologen bezeichnen das Entlernen des Smartphone Reflexes als Extinktion des Verhaltens. Um diesen Reflex abzulegen, müsste man das Smartphone für mehrere Tage bis Wochen nicht bei sich tragen oder es an einem schwer zugänglichen Ort (z. B. Innentasche eines Rucksacks) verstauen. Die eigene Hand würde dann über mehrere Wochen beim Anblick der Bushaltestelle immer wieder ins Leere greifen. Dies würde anfangs eine erhebliche Willensanstrengung erfordern, da die Hand reflexhaft nach dem Smartphone greifen möchte.

Die Extinktionsphase kann je nach individueller Routine sehr lang dauern; eine Studie von Lally et al. aus dem Jahr 2010 (Montag, 2018, S. 17) zeigte, dass das Erlernen einer neuen Gewohnheit zwischen 18 und 254 Tagen dauert, mit einem Median von 66 Tagen. Dies bedeutet, dass die Mehrheit der Teilnehmenden etwa zwei Monate benötigte, um eine neue Routine zu etablieren, wobei die Zeitdauer stark von der Komplexität des Verhaltens und persönlichen Faktoren abhängt.

Der Smartphone Reflex wird durch Manipulationsstrategien der Tech-Konzerne gezielt gefördert. Grosse Techkonzerne wie Facebook, Instagram oder Tiktok, deren Geschäftsmodelle auf Werbeeinnahmen ausgerichtet sind, haben zahlreiche Strategien entwickelt, um die Aufmerksamkeit der Nutzer und Nutzerinnen zu fesseln und sie möglichst lange auf ihren Plattformen zu halten. Diese Unternehmen haben eigene Abteilungen für das Psycho-Design ihrer Plattformen eingerichtet. Autoren wie Christian Montag (2021), Johann Hari (2022) oder Rudiger Maas (2024, S. 62 ff.) beschreiben in ihren Büchern die Logik und Manipulationsformen dieser Technologien.

Es gibt sowohl direkte als auch indirekte Strategien zur Beeinflussung des Nutzerverhaltens, von denen einige im Folgenden vorgestellt werden:

Belohnungssysteme und Dopamin-Kick: Apps und Plattformen nutzen oft sogenannte "Belohnungsschleifen", bei denen Nutzer regelmässig mit positiven Reizen belohnt werden, z. B. durch Likes, Kommentare oder andere soziale Bestätigungen. Dies führt zu einem kurzfristigen Dopamin-Kick im Gehirn, der das Wiederkommen fördert.

Endlos-Scrollen: Viele Plattformen, besonders soziale Medien, verwenden einen Endlos-Scroll-Mechanismus, bei dem ständig neue Inhalte geladen werden. Dies kann dazu führen, dass Nutzer viel länger in der App bleiben, als sie eigentlich vorhatten.

Benachrichtigungen: Push-Benachrichtigungen werden genutzt, um die Aufmerksamkeit der Nutzer regelmässig zurück auf die Plattform zu lenken.

FOMO (Fear of Missing Out; siehe Abschn. 2.3): Die Angst, etwas zu verpassen, wird oft ausgenutzt, indem beispielsweise Events oder Nachrichten hervorgehoben werden, die die Nutzerin bzw. der Nutzer möglicherweise verpasst hat.

Gamification: Viele Plattformen integrieren spielähnliche Elemente (z. B. Abzeichen, Punkte, Ranglisten), um das Engagement zu steigern.

Anpassung und Personalisierung: Algorithmen analysieren das Nutzerverhalten und präsentieren Inhalte, von denen sie glauben, dass sie für den einzelnen Nutzer am relevantesten oder interessantesten sind. "Informationsblasen" können eine Konsequenz sein.

Soziale Interaktion: Die Integration von sozialen Funktionen, wie z. B. das Teilen von Inhalten, das Kommentieren oder das Liken, fördert die Interaktion und Bindung an die Plattform. Dabei bleibt die Interaktion im digitalen Raum und ersetzt physische Treffen.

Erstellung von Gewohnheiten: Viele Apps sind so gestaltet, dass sie in den täglichen Ablauf der Nutzer integriert werden, z. B. durch tägliche Erinnerungen oder Check-ins.

Schwierigkeit des Ausstiegs: Manche Plattformen machen es bewusst umständlich, den Dienst zu verlassen oder das Konto zu löschen, um die Nutzenden an Bord zu halten.

Visuell ansprechendes Design: Ein ästhetisches und intuitives Design kann dazu beitragen, dass Nutzende länger auf einer Plattform bleiben.

Ursprünglich wurden viele dieser Strategien zur Verbesserung der Nutzendenerfahrung entwickelt, doch sie haben oft dazu geführt, dass Menschen übermässig viel Zeit online verbringen und Anzeichen einer Abhängigkeit zeigen.

2.1.4 Smartphoneabhängigkeit

Smartphone-Abhängigkeit, auch als Nomophobie (aus dem Englischen No-Mobile-Phone-Phobia) bekannt, wird zunehmend zu einem gesellschaftlichen Problem, wobei eine Umfrage von Comparis zeigt, dass 40 % der Schweizer Bevölkerung unter Smartphone Sucht leiden (Netzwoche 2024; vgl. auch Coenen, Görlich 2022). Die Weltgesundheitsorganisation (WHO) klassifiziert Internetabhängigkeit, einschliesslich "gaming disorder", als Krankheit (WHO Weltgesundheitsorganisation ICD 11; Lindenberg & Holtmann, 2022). Zusätzlich birgt die Exposition gegenüber Fake News oder Deep Fake ein hohes Risiko für eine fehlgeleitete Einflussnahme, was im WEF Risiko Report 2024 als vorrangiges Risiko identifiziert wird (WEF Risk Report, 2024).

Jonathan Haidt (2024) diagnostiziert, dass grosse Teile der so bezeichneten Gen Z eine ängstliche Generation sind, die unter einer Epidemie psychischer Erkrankungen leidet, die vor allem durch intensive Smartphone Nutzung von Jugendlichen, beginnend in den Jahren 2010 bis 2015, verursacht wurde. In seiner fundierten Analyse, abgestützt auf einer Vielzahl empirischer Studien und wissenschaftlicher Evidenzen, empfiehlt er, Smartphones nicht unter 14 Jahren und Social Media nicht unter 16 Jahren zuzulassen. Um dies zu erreichen, bedarf es kollektiver Handlungen (collective actions), die beim Einzelnen ansetzen, aber über individuelle Freiheit und Eigenverantwortung hinausgehen. Ergänzend kritisiert Rüdiger Maas die Überfürsorglichkeit der Eltern in der analogen Welt, während in der digitalen Welt eine weitreichende Verwahrlosung herrscht (Maas, 2024).

Einige Länder, wie Australien, führen einen Smartphone Ban an Schulen ein, während China das Gaming-Verhalten überwacht und klare Vorgaben macht. Dennoch sollten die potenziellen Vorteile von Spielen, wie im Fall des von Adam Gazzaley mitentwickelten Games "EndeavorOTC" zur Behandlung von ADHS, berücksichtigt werden (Akili, 2024). Vermutlich werden ein Smartphone Ban an Schulen und die genannten weiteren Einschränkungen in etwa 10 Jahren strategische Wettbewerbsvorteile für die betroffenen Länder in Bezug auf Humankapital bringen. Vorausgesetzt, dass der Kapitalismus sich nicht durch KI-Agenten verselbständigen wird und die Rolle von Humankapital verändert (Binswanger, 2024, S. 173 ff.).

Übungen, Praktiken und Strategien

Ablenkungen und Überforderungen zu vermeiden, ist eine Strategie mit konkreten Massnahmen zur Verhaltensentwicklung erforderlich. Die folgenden Übungen und Praktiken bieten Anleitungen für individuelle Ansätze.

Dabei ist es wichtig, das Bewusstsein für die eigene Smartphone Nutzung und den Umgang mit digitalen Geräten zu schärfen. Metakognition, das Nachdenken über das eigene Denken, hilft Nutzern, ihre Nutzungsmuster, Gründe für die Nutzung und die Kontrolle über diese Nutzungen zu reflektieren. Nutzer sollten sich fragen, wann sie zum Smartphone greifen, welche Emotionen dabei entstehen und wie die Nutzung ihre Stimmung beeinflusst. Ein erhöhtes Bewusstsein unterstützt die Unterscheidung zwischen automatisierten Handlungen und bewussten Bedürfnissen.

Die untenstehenden Fragen können helfen, die Wahrnehmung zu schärfen. Die Reflexion kann sowohl individuell als auch in der Gruppe erfolgen:

▶ **Tipp**

- Welcher Impuls oder Auslöser geht dem "Zücken" des Smartphones voraus – Langeweile, Angst etwas zu verpassen? Mache ich das bewusst und mit Absicht? Oder erfolgt dies routinemässig, ohne wirklich darüber nachzudenken? Wie oft und in welchen

Situationen kommt das Smartphone wie selbstverständlich zum Einsatz?
- Wo befindet sich das Smartphone, meistens in der Hand, Hosentasche (spezielle Tasche am Körper), umgehängt – wie nah ist es mir in Alltagssituationen – immer dabei?
- Wo befindet es sich zuhause, bei der Arbeit, im Studium? Immer verfügbar oder bewusst in einem Nebenraum oder gar in einer abschliessbaren Kiste oder Tasche für nutzungsfreie Zeiten?
- Gibt es einen Handy-Parkplatz oder eine Smartphone Lockbox für ungestörte Zeiten? Wenn ich zu Hause arbeite, schliesse ich es dort ein? Ist es dann für eine voreingestellte Zeit "weggesperrt"? Wenn nicht, welche Alternativen dazu wähle ich?
- Nehme ich es mit in die Pausen, zum Sport, ins Schlafzimmer, ... wozu führt dies?
- Wie fühle ich mich, wenn ich das Smartphone mal bewusst nicht wie bisher mitnehme und nutze?
- Beobachte ich Unterschiede und bewerte ich sie, wenn ich eine komplizierte Aufgabe zu erledigen habe und das Smartphone in meinem Raum ist oder in einem anderen Raum, der nicht so schnell zugänglich ist?

Um die Smartphone-Nutzung zu reduzieren, könnte man den Prozess der Gewohnheitsbildung folgendermassen angehen (Tab. 2.1):

Durch regelmässige Wiederholung des gewünschten Verhaltens, unterstützt von Selbstbeobachtung und Anpassungen, entwickelt sich nach und nach eine neue Routine zur Gewohnheit. Rückschläge sind möglich, aber entscheidend ist, dranzubleiben und die Gewohnheit in den Alltag zu integrieren, bis sie automatisch erfolgt.

2.2 Innere und äussere Auslöser für Ablenkungen

Ablenkungen sind allgegenwärtig, beispielsweise durch einen kurzen Blick auf das Smartphone oder ein schnelles Scrollen auf Instagram, was es schwierig macht, sich zu konzentrieren und fokussiert zu bleiben. Es wäre jedoch falsch, Smartphones und soziale Medien allein für diese Herausforderungen verantwortlich zu machen. Wichtiger ist es, die Gründe zu reflektieren, warum wir uns Ablenkungen hingeben, obwohl sie unseren eigentlichen Interessen zuwiderlaufen.

Tab. 2.1 Planung neuer Smartphone Gewohnheiten

Schritt 1	Zielsetzung	Definiere zunächst, was "Reduktion der Smartphone-Nutzung" konkret bedeutet. Soll die Nutzungsdauer verringert oder das Smartphone in bestimmten Situationen vermieden werden?
Schritt 2	Planung	Lege klare Richtlinien fest, wann und wie oft du das Smartphone nutzen möchtest. Beispielsweise könntest du entscheiden, das Smartphone während der Mahlzeiten, beim Zusammensein mit Freunden, bei wichtigen Tätigkeiten, im Unterricht, einer wichtigen Aufgabe oder eine Stunde vor dem Schlafengehen nicht zu verwenden.
Schritt 3	Umsetzung	Beginne mit der Umsetzung deiner Vorsätze. Es kann hilfreich sein, Erinnerungen zu setzen oder Apps zu verwenden, die die Nutzungsdauer überwachen.
Schritt 4	Überwachung und Anpassung	Überwache deine Fortschritte und passe bei Bedarf deine Methoden an. Es kann notwendig sein, deine Techniken zur Gewohnheitsbildung zu verfeinern.
Schritt 5	Durchhaltevermögen	Bleibe geduldig und konsequent. Erwarte nicht, dass die Veränderung über Nacht passiert. Belohne dich für kleine Erfolge, um die Motivation aufrechtzuerhalten.

Smartphone Gewohnheiten

▶ "Wir können nichts als Ablenkung bezeichnen, wenn wir nicht wissen, wovon es uns ablenkt." (Eyal & Li, 2021, S. 59).

2.2.1 Auslöser von Ablenkungen

Alles, was wir tun, geschieht als Reaktion auf innere oder äussere Auslöser, wie den Klingelton unseres Handys oder das Knurren unseres Magens. Diese Auslöser können uns entweder zu unseren Zielen treiben oder von ihnen ablenken. Um Ablenkungen zu widerstehen, müssen wir die inneren Auslöser erkennen und kontrollieren. Oft lassen wir uns ablenken, um Unannehmlichkeiten zu vermeiden, was zu Suchtverhalten führen kann. Indem wir lernen, unangenehme

2.2 Innere und äussere Auslöser für Ablenkungen

Zustände auszuhalten, können wir besser gegen diese Fluchttendenzen ankämpfen. Der kompensatorischen Fluchttendenz z. B. ins Digitale sollte man besser widerstehen lernen, sonst verstärkt sich gegebenenfalls eine Tendenz zur unbefriedigenden digitalen Selbstbefriedigung in den unterschiedlichsten Facetten vom einfachen Chat bis zum Lustkonsum.

Folgende Quellen unangenehmer Gefühle sind dabei besonders verbreitet:

- **Die Langeweile** oder **Überforderung.** Wir tun viel, um mit unseren Gedanken nicht allein zu sein; häufig wird zum Beispiel der Smartphone Reflex aufgrund von empfundener Langeweile oder auch Überforderung ausgelöst.
- **Angst etwas zu verpassen (FOMO),** siehe Abschn. 2.3. Langeweile und Ängste sind primäre innere Auslöser für Ablenkungen (Gazzaley & Rosen, 2018).
- **Tendenz zur Negativität.** Schlechte Nachrichten erregen unsere Aufmerksamkeit mehr als gute und bleiben uns länger im Gedächtnis. Schlechte Nachrichten werden zudem in den sozialen Medien häufiger angeklickt und verbreiten sich deutlich schneller, gefördert von entsprechend programmierten Algorithmen (Montag, 2021).
- **Grübeln (Rumination).** Wir neigen dazu, immer wieder über negative Erlebnisse nachzudenken. Diese zum Teil inneren Dialoge oder selbstkritischen Gedanken können klärend oder verklärend wirken. In manchen Fällen wird eine negativ verstärkende Spirale ausgelöst, die einen in bestimmten Phasen kaum mehr loslässt; dies hilft nicht zum Glücklichsein (Stangl, W., 2024).
- **Hedonistische Anpassung.** Egal wie glücklich man ist, man gewöhnt sich daran und sucht nach mehr. Mathias Binswanger spricht beispielsweise in diesem Zusammenhang von Status Tretmühlen, die einen wichtigen Antrieb für das Konsumverhalten darstellen und ökonomische Wachstumszwänge unterstützen (Binswanger, 2019).

2.2.2 Umgang mit inneren Auslösern von Ablenkungen

Oft kann man die inneren und äusseren Auslöser nicht beeinflussen, aber man kann entscheiden, wie man damit umgeht. Dabei ist folgendes zu beachten:

▶ Unzufriedenheit ist der Normalzustand unseres Gehirns. Diese Unzufriedenheit hat mit der menschlichen Evolution zu tun (Kast, 2023, S. 181 ff.).

Bast Kast (2023) beschreibt, dass belastende Gedanken wie "Was muss ich noch tun?" oder "Habe ich es gut genug gemacht?" etc. unser Denken prägen. Diese Gedanken führen oft zu Sorgen und Unzufriedenheit, die in einem Zustand, in dem wir uns stark mit unseren Gedanken identifizieren (fusionierten Geisteszustand) ernst genommen werden, wodurch wir uns unzufrieden fühlen. Indem wir Gedanken als neuronale Aktivitätsmuster beobachten, gewinnen wir Distanz zu ihnen. Dies lässt sich mithilfe von Mindfulness und Meditation trainieren (siehe auch Abschn. 3.1).

Zwar können wir unser Bedürfnis nach Ablenkung nicht einfach abschalten – denn jeder Versuch, es zu unterdrücken, macht es nur noch aufdringlicher. Aber wir können das Bedürfnis achtsam beobachten und lernen, anders auf Auslöser zu reagieren. Die folgenden Schritte können dabei helfen (Eyal & Li, 2021, S. 41 ff.):

1. Konzentriere dich auf das unangenehme Gefühl, das der Ablenkung vorausgeht, und finde heraus, was der innere Auslöser dafür ist – zum Beispiel Langeweile, Angst, Unruhe oder Minderwertigkeitsgefühle.
2. Notiere diesen Auslöser und bei welchen Gelegenheiten er normalerweise auftritt – zu welcher Tageszeit, bei welcher Tätigkeit, wann greife ich zum Smartphone als Anhaltspunkt usw.
3. Erforsche möglichst wertfrei, wie du reagierst, wenn du diesen Auslöser spürst – zucken deine Finger in Richtung Smartphone, wird dein Magen unruhig?
4. Sei besonders vorsichtig, wenn du von einer Tätigkeit in eine andere wechselst und zwischendurch der Impuls kommt nochmals kurz deinen Newsfeed zu checken. Hier entscheidet sich, ob sich der Wechsel wirklich lohnt oder ob du ihn später bereust.
5. Nutze die 10-Minuten-Regel: Gib einem Impuls nicht sofort nach, sondern warte 10 Minuten ab. Wenn der Impuls nach diesen 10 Minuten immer noch da ist, dann kannst du ihm immer noch nachgeben. Oft hat sich das aber bis dahin von selbst erledigt.

Du kannst Ablenkungen auch dadurch überwinden, dass du die eigentlich zu erledigende Aufgabe spannender gestaltest. Mach z. B. aus dem langweiligen Rasenmähen ein Spiel, bei dem es darum geht, den besten Weg zu finden oder einen Geschwindigkeitsrekord aufzustellen. Oder frage dich, wie du in der Fokuszeit dich in ein neues Thema einarbeiten und die besten Notizen (z. B. Mind-maps) machen kannst, damit hinterher in der Nachbereitung weniger zu tun ist und der Inhalt besser verstanden wird. Lernen besteht in der Verarbeitung der neuen Themen bzw. Arbeitsinhalte durch Verknüpfung mit eigenen Vorkenntnissen und braucht einen Rhythmus der Wiederholung und Verankerung. Idealerweise ist man dabei emotional engagiert. Im Arbeitskontext fehlt uns häufig die Zeit zur Vertiefung und zum wiederholten Durchdenken, trotz hoher Wichtigkeit der Aufgaben. Der Blick auf eine gute Zusammenfassung ist dann Gold wert.

2.2.3 Umgang mit äusseren Auslösern von Ablenkungen

Neben den inneren Auslösern gibt es zahlreiche externe Auslöser, wie z. B. E-Mails, Social Media, Internet etc., die bereits im Abschn. 2.1 ausführlich besprochen wurden.

Externe Auslöser können nützlich oder schädlich sein. Eine Nachricht auf deinem Handy kann dich entweder motivieren und bei der Erledigung einer Aufgabe unterstützen – oder dich ablenken. Frage dich deshalb immer: Diene ich dem Auslöser oder dient er mir?

Die folgenden Tipps können helfen, besser mit externen Auslösern von Ablenkungen umzugehen (Eyal, 2021, S. 80 ff.):

▶ **Tipp Wehre dich gegen Arbeitsunterbrechungen.** Gerade in Grossraumbüros geht von deinen Kollegen und Kolleginnen ein grosses Ablenkungspotenzial aus. Mache deutlich, dass du gerade nicht gestört werden möchten – zum Beispiel mit einem Schild auf der Rückseite deines Monitors. Ein solches Schild macht sich auch im Home-Office gut, um deiner Familie oder Mitbewohnenden zu zeigen, dass du dich gerade konzentrieren musst.

- **Stoppe die E-Mail-Flut.** Wenn du weniger E-Mails schreibst, erhältst du auch weniger. Öffne jede E-Mail höchstens zweimal: einmal, um die Dringlichkeit festzustellen und die Antwortzeit zu planen, ein zweites Mal, um die E-Mail zu beantworten. Plane ein Zeitfenster für die Beantwortung von E-Mails ein.
- **Nutze Gruppenchats effizient.** Begrenze deine Aufenthaltszeit in Gruppenchats wie Basecamp, Slack oder WhatsApp. Schaffe dir auch hier bestimmte Zeitfenster und teile diese deinen Kolleginnen und Kollegen mit. Überlege ausserdem genau, wen du in den Chat einladen und welche Themen du besprechen möchtest.
- **Reduziere die Anzahl der Sitzungen.** Lege fest, dass derjenige, der ein Meeting einberuft, vorab auch eine Agenda sowie eine kurze Beschreibung des zu besprechenden Problems mit einem

Lösungsvorschlag verschicken muss. Dadurch wird die Einberufung eines Meetings aufwendiger – die Anzahl der Meetings minimiert sich automatisch. Gegebenenfalls kann man im Meeting auch direkt kollaborativ gemeinsam an einem "shared dokument" arbeiten und so die Qualität der Arbeitsergebnisse verbessern.

- **Priorisiere deine Apps.** Entferne nicht benötigte Apps von deinem Smartphone. Apps, die dich ablenken könnten, sollten so weit wie möglich nach hinten verschoben werden. Deaktiviere auch den Benachrichtigungsmodus.
- **Räume auf.** Räume deinen Desktop auf und entferne alles, was dich ablenken könnte.
- **Lese keine Artikel online, wenn du im Internet recherchierst.** Speichere die Artikel in einer Anwendung und lese sie später, in einem Zeitfenster, das du für die Lektüre einrichtest.
- **Verwende Browser-Erweiterungen.** Installiere kostenlose Browser-Erweiterungen, um die Newsfeeds deiner Social-Media-Kanäle auszublenden.

2.2.4 Eigene Verpflichtungen und Reflexion

Eine weitere Möglichkeit, die Ablenkungsfaktoren zu reduzieren, besteht darin, mit sich selbst Pakte zu schliessen, die einen etwas kosten, wenn man sie nicht einhält. Da wir viel am Computer und oft von zu Hause aus arbeiten, fällt der soziale Druck weg. Niemand sieht, wenn wir uns nicht konzentrieren und unsere Zeit mit sinnlosen Dingen vergeuden. Dagegen kann ein Pakt helfen, den man mit sich selbst schliesst, um sich wirksam zu etwas zu verpflichten. Es sollte mehr Mühe kosten, den Pakt zu brechen, als ihn einzuhalten. Hier sind einige Beispiele für Pakte, die du mit dir selbst schliessen kannst (Eyal & Li, 2021, S. 192 ff.):

- **Pakte mit der Technik.** Paradoxerweise kann die Technik dir helfen, dich nicht von ihr ablenken zu lassen. Nutze Apps, die deine Bildschirmzeit begrenzen oder bestimmte Webseiten blockieren.
- **Geld-Pakte.** Bepreise Ablenkung. So nutzt du deine Verlustaversion. Nimm zum Beispiel einen Hundert-Franken/Euro-Schein und klebe ihn auf deinen Kalender neben das Zeitfenster, das du für eine bestimmte Aktivität reserviert hast. Wenn du der Ablenkung nachgibst und eine Ausrede erfindest, um nicht tun zu müssen, wofür das Zeitfenster reserviert wurde, verbrenne das Geld. Aber Vorsicht: Geldpakte funktionieren nur, wenn du die Möglichkeit hast,

äussere Auslöser abzuwehren. Setze sie auch nur dann ein, wenn es dir um kurze, aber intensive Motivationsschübe geht.
- **Identitätspakte.** Dein Selbstbild bestimmt dein Handeln. Verpflichte dich deshalb zu deiner Identität: Bezeichne dich als „unablenkbar". Verstärke dein Selbstbild durch Rituale oder positive Affirmationen (z. B. "ich bin aufmerksam und fokussiert").

2.3 Psycho-soziale Muster von Ablenkungen

Neben herausragenden Errungenschaften hat die Digitalisierung auch bestimmte psycho-soziale Tendenzen und Verhaltensmuster verstärkt, die sich negativ auf Produktivität und Wohlbefinden auswirken können.

2.3.1 Soziale Ablenkungen – die Angst etwas zu verpassen und der Trieb sich inszenieren zu müssen

▶ Die "Fear of Missing Out" – FOMO – (Angst, etwas zu verpassen), wird seit 2015 als offizielles Wort der englischen Sprache im Oxford Dictionary als "die Angst, dass ein aufregendes oder interessantes Ereignis woanders stattfinden könnte, oft ausgelöst durch Beiträge auf einer Social-Media-Website" ("anxiety that an exciting or interesting event may be happening elsewhere, often aroused by posts seen on a social media website") beschrieben.

In seinem Buch "Fear of Missing Out: Practical Decision-Making in a World of Overwhelming Choice" definiert Patrick J. McGinnis (McGinnis, 2020) FOMO in zweierlei Hinsicht:

1. Unerwünschte Ängste, die durch die – oft über soziale Medien verstärkte – Wahrnehmung hervorgerufen werden, dass andere Menschen Erfahrungen machen, die befriedigender sind als die eigenen ("aspirational FOMO").
2. Sozialer Druck, der aus der Erkenntnis resultiert, dass man etwas verpasst, oder ausgeschlossen wird von einer positiven oder denkwürdigen kollektiven Erfahrung. McGinnis erläutert, dass FOMO und der ähnliche Begriff 'Fear of Better Options" (FOBO) seit Anbeginn der Menschheit existieren, aber durch soziale Medien verstärkt wurden.

Auf seiner Homepage FOMO Sapiens and Harvard Business Review: Patrick J. McGinnis (patrickmcginnis.com) gibt es vielfältige Podcasts (siehe auch Spotify) und weitere Informationen zu dem Thema.

In der individualisierten westlichen Welt führen gesellschaftliche Veränderungen zu einer Vielzahl von Wahlmöglichkeiten, die die "Fear of missing out" (FOMO) verstärken können. Dies geschieht nicht nur durch den Einfluss von Freunden, sondern auch durch die schiere Anzahl von Optionen in der Freizeitgestaltung und der Lebensplanung, wie z. B. die Frage, ob man nicht doch auf das andere Konzert hätte gehen sollen, ob das Studium das Richtige sei, oder ob man den richtigen Job gewählt hat (McGinnis, 2020).

Die ständige Vernetzung und der Wunsch respektive Druck immer online und informiert zu bleiben – verstärkt durch die permanente Nachrichtenflut – tragen ebenfalls zu FOMO bei. Menschen, die unter FOMO leiden, versuchen oft, alle Trends und Entwicklungen zu verfolgen, was aufgrund der Informationsüberflutung kaum möglich ist. Zusätzlich kann die aktuelle Entwicklung von künstlicher Intelligenz FOMO verstärken, da die Menschen befürchten, wichtige Entwicklungen zu verpassen oder obsolet zu werden, was als „Fear of Becoming Obsolete (FOBO) bezeichnet wird (Bonchek, 2016).

Die Technologie Entwickler und Entwicklerinnen nutzen gezielte Designelemente, um den psychologischen FOMO-Prozess zu verstärken und Nutzerinnen und Nutzer möglichst lange auf online-Plattformen zu halten oder zurückzubringen. FOMO wird als zentrales Prinzip eingesetzt, um Nutzer zu manipulieren (Montag, 2021, S. 111). Ein Beispiel dafür ist Snapchat, wo Nachrichten nach 24 Stunden gelöscht werden, was die Nutzenden dazu anregt, die App regelmässig zu überprüfen, um keine Beiträge aus dem Freundeskreis zu verpassen. Ähnlich funktioniert Instagram, das mit seinen Stories eine zeitliche Begrenzung der Inhalte eingeführt hat, um Nutzerinnen und Nutzer anzuziehen (Montag, 2021, S. 112).

2.3.2 Inszenierungs- und Geltungsdrang – Perfektionismus und Selbstoptimierung

Die Digitalisierung hat neben FOMO ein weiteres Phänomen verstärkt, die Neigung und Tendenz sich ständig online zu vergleichen und sich in idealisierter Form darzustellen. Dabei wird zunehmend unwichtig, ob das Gezeigte der Realität entspricht, was zur Schaffung einer virtualisierten Welt mit zahlreichen digitalen Identitäten führt, die auch Einfluss auf die reale, analoge Welt hat (Bauer, 2023).

2.3 Psycho-soziale Muster von Ablenkungen

Durch Plattformen wie Facebook, Instagram und Co. haben wir ständig Einblick in das Leben anderer Menschen, was dazu verleitet, das eigene Leben mit dem der anderen zu vergleichen. Wir sehen Freunde mit Familienglück, Bekannte auf Weltreise und erfolgreiche Online-Unternehmer, der mit Mitte 20 bereits mehrere Millionen CHF auf dem Konto hat, was zur Reflexion über die eigene digitale Identität führt. Diese Inszenierung und der Vergleich fördern Perfektionismus und sozialen Druck, da soziale Medien den Eindruck erwecken können, dass alle immer produktiv, erfolgreich und glücklich sind.

Studien zeigen, dass das Vorzeigen perfekter Lebensumstände bei den Empfängern negative Emotionen auslöst und häufig dazu führt, dass sie ihr eigenes Leben als weniger aufregend oder sogar langweilig empfinden (Montag, 2018, S. 7 ff.).

Das ständige Vergleichen kann zu unrealistischen Standards führen, was wiederum Stress und Ablenkung verursacht. In diesem Zusammenhang sind drei wichtige Tendenzen hervorzuheben:

- **Erhöhter Leistungsdruck:** Die ständige Konfrontation mit den Erfolgen anderer kann zu einem Druck führen, ähnliche oder bessere Leistungen zu erbringen. Dies kann sich in verschiedenen Lebensbereichen manifestieren, wie in der Arbeit, im Aussehen, in sozialen Beziehungen oder Hobbys.
- **Unrealistische Standards:** Die ständige Exposition gegenüber scheinbar perfekten Lebensdarstellungen kann zu unrealistischen Standards für das eigene Leben führen. Dies betrifft oft das Aussehen (wie bin ich am besten "instagrammable"?), den Lebensstil und berufliche Erfolge.
- **Ständige Selbstverbesserung:** Es entsteht ein kontinuierlicher Drang zur Selbstoptimierung, um mit anderen mithalten zu können oder die selbst gesetzten, oft überhöhten Standards zu erreichen (siehe auch die Quantified Self Bewegung, Meidert et al., 2018). Dies kann zu einem ständigen Gefühl der Unzufriedenheit führen, da das Erreichte nie gut genug erscheint.

Studien zur psychischen Gesundheit in der Schweiz zeigen in den letzten Jahren massive psychische Belastungen und Depressionen insbesondere bei (jungen) Frauen (Bundesamt für Statistik, 2022). Aktuelle Studien weisen auf eine neue, stille Pandemie der Müdigkeit und Erschöpfung hin, die auf den zunehmenden Leistungsdruck zurückzuführen ist (CSS Gesundheitsstudie 2024: Leistungsdruck wird immer grösser).

Johannes Hepp (2022, S. 64 ff.) beschreibt in seinem Buch "Die Psyche des Homo Digitalis" die zunehmende Geltungssucht und Profilneurose, die sich im Zusammenhang mit der Digitalisierung verändert haben.

Um in der hart umkämpften digitalen Wirtschaft erfolgreich zu sein, müssen Menschen immer mehr Wege finden, sich von der Masse abzuheben und besser oder auffälliger zu erscheinen als ihre Konkurrenten und Konkurrentinnen. In den sozialen Medien bekommt man Likes nur für das Aussergewöhnliche, nicht für das Gewöhnliche. Dies führt zu einem Wettbewerb mit Millionen von potenziellen Konkurrenten und Konkurrentinnen und Fake-Profilen, was den Anreiz zu extremen Positionen oder perfektionistischen Leistungen erhöht, oft bis hin zur Selbstausbeutung und selbstzerstörerischen Selbstvermarktung (Maas, 2019).

In diesem Kontext zeigen einige die Tiefpunkte ihres Lebens, während andere ihre besten Seiten und Erfolge präsentieren und ständig versuchen, sich ins beste Licht zu rücken.

Beide Phänomene, sowohl FOMO als auch die übertriebene Selbstinszenierung, beeinflussen, wie wir unsere Aufmerksamkeit steuern, was wiederum Auswirkungen auf Produktivität und Wohlbefinden hat, insbesondere in "New Work"- Kontexten, wo das Anpreisen eigener Fähigkeiten und Leistungen an Bedeutung gewinnt. Auf Plattformen wie LinkedIn ist oft unklar, was Realität und was Inszenierung ist, und der Geltungs- und Inszenierungsdrang wird oft als Sucht wahrgenommen (Hepp, 2022).

2.3.3 Übungen und Praktiken zum besseren Umgang mit den Herausforderungen der psycho-sozialen Ablenkungsmuster

Patrick McGinnis (McGinnis, 2020) bietet in seinem Buch Strategien an, um mit diesen Ängsten und Inszenierungen umzugehen, indem persönliche Werte und Verantwortlichkeiten in den Mittelpunkt gestellt und gegen mögliche Ergebnisse abwogen werden. Bei Entscheidungen ist es wichtig, sich wesentliche Fragen zu stellen, um sicherzustellen, dass man sich nicht von Wahrnehmung oder dem Wunsch nach Integration leiten lässt. Die folgenden Fragen können helfen, eine klarere Entscheidungsgrundlage im Umgang mit FOMO (Fear of Missing Out) und sozialen Vergleichen zu erlangen:

Verfügbarkeitsprüfung: Habe ich tatsächlich die notwendigen Ressourcen wie Zeit, Geld und Fähigkeiten, um diese Gelegenheit zu nutzen? Ist diese Möglichkeit realistisch für mich erreichbar, oder überschreitet sie meine aktuellen Möglichkeiten und Grenzen?

Realitätscheck der Erwartungen: Entspricht mein Wunsch, an dieser Aktivität teilzunehmen, einer realistischen Einschätzung dessen, was wahrscheinlich geschehen wird? Oder ist mein Wunsch eher von idealisierten Vorstellungen oder

2.3 Psycho-soziale Muster von Ablenkungen

überhöhten Erwartungen geprägt, die nicht der Wirklichkeit entsprechen? Muss ich mich vergleichen und inszenieren, bin ich mir bewusst, dass das Bild der anderen teilweise verzerrt ist und nur in seltenen Fällen der ganzen Realität entspricht? Hinter der Fassade im Netz verbirgt sich oft ein trauriges Dasein.

Überprüfung der persönlichen Motivation: Entscheide ich mich für diese Aktivität, weil sie wirklich meinen Interessen, Werten und persönlichen Zielen entspricht? Oder fühle ich mich hauptsächlich deshalb dazu gedrängt, weil es andere tun und ich Angst habe, etwas zu verpassen oder mich besser darstellen zu wollen?

Wenn die Antworten auf diese Fragen eher auf FOMO oder ein übertriebenes Geltungsbedürfnis hindeuten, sollte man erwägen, sich bewusst für JOMO (Joy of Missing Out) zu entscheiden. JOMO bedeutet, an bestimmten Aktivitäten nicht teilzunehmen oder sich nicht zu inszenieren, sondern stattdessen die positiven Aspekte dieser bewussten Entscheidung zu erkennen. Dadurch kann man mehr innere Ruhe und Zufriedenheit mit den eigenen Entscheidungen finden, ohne jedem Trend oder jeder Aktivität zu folgen.

Um deinen Umgang mit FOMO (Fear of Missing Out) und sozialer beziehungsweise digitaler Inszenierung in den kommenden Wochen zu verbessern, kannst du dich auf praktische, umsetzbare und effektive Massnahmen konzentrieren. Hier sind vier Massnahmen, die du ergreifen kannst:

▶ **Tipp** Führe **digitale Entgiftungsphasen** ein: Lege bestimmte Zeiträume fest, in denen du bewusst auf die Nutzung sozialer Medien und anderer digitaler Plattformen verzichtest. Das kann zum Beispiel bedeuten, dass du an einigen Abenden nach 20 Uhr oder am Wochenende eine Pause von digitalen Medien einlegst. Das hilft, den ständigen Informationsfluss und den Druck, immer auf dem Laufenden sein zu müssen, zu reduzieren.

- Führe täglich ein **Dankbarkeitstagebuch:** Schreibe jeden Tag 2–3 Dinge auf, für die du dankbar bist. Diese Praxis fördert das Bewusstsein für die positiven Aspekte deines Lebens und hilft, den Fokus von dem, was dir fehlt, auf das, was du hast, zu verlagern. In einer Meditation kannst du dir nochmals das wünschen, was du bereits hast und dich darüber freuen.
- Bewusste **Zeitplanung und Prioritätensetzung:** siehe nochmals den Abschnitt zur werteorientierten Zeitplanung im letzten Kapitel.

- Praktiziere **Achtsamkeitsübungen:** Baue kurze Achtsamkeitsübungen in deinen Alltag ein. Das können einfache Atemübungen, kurze Meditationen oder das bewusste Wahrnehmen der Umgebung während eines Spaziergangs sein (siehe auch Abschn. 3.1).

Durch die Anwendung dieser Praktiken kannst du lernen, dich weniger von FOMO, sozialem Vergleich, Statustretmühlen oder hedonistischer Anpassung beeinflussen zu lassen und mehr Zufriedenheit in deinem gegenwärtigen Leben zu finden – geniesse den Moment. Es ist wichtig, diese Praktiken regelmässig anzuwenden und sich die Zeit zu nehmen, die positiven Auswirkungen zu spüren.

Nachdem wir nun ein tiefgreifendes Verständnis für Fokus, Aufmerksamkeit und die vielfältigen Ablenkungen im Alltag gewonnen haben, sowie erste Ansätze für den Umgang damit kennen, widmen wir uns im zweiten Teil der weiteren praktischen Umsetzung. Hierbei stehen konkrete Strategien zur Veränderung und Integration von Achtsamkeit in den Arbeits- und Lernalltag im Mittelpunkt. Vertiefen wir unsere Lösungskompetenz und entdecken wir Methoden wie "Deep Work", um unsere Produktivität nachhaltig zu steigern.

Kompetenzstärkung: Achtsamkeit, Deep Work und Energie

3

In den folgenden Teilen geht es um die Stärkung der Kompetenz zu mehr Fokus und Produktivität mithilfe von Achtsamkeit, Deep Work und dem Management persönlicher Energie.

3.1 Achtsamkeit

3.1.1 Was ist Achtsamkeit?

Achtsamkeit, ein Konzept aus der buddhistischen Philosophie, umfasst die Fähigkeit, die Aufmerksamkeit bewusst auf den gegenwärtigen Moment zu richten und im Hier und Jetzt zu leben. Es geht darum, unsere volle Konzentration auf die aktuelle Aufgabe zu richten und den Augenblick wertfrei wahrzunehmen. Erlebnisse und Gefühle, die in diesem Moment auftauchen, sollen ohne Bewertung und Analyse akzeptiert werden. Achtsamkeit ist eng mit dem Konzept des Fokus verbunden, das darauf abzielt, die Aufmerksamkeit gezielt auf eine bestimmte Tätigkeit zu lenken, um diese effektiver zu gestalten (Kabat-Zinn, 2019).

▶ Achtsamkeit ist eine bestimmte Form der Aufmerksamkeit,

- die absichtsvoll ist
- sich auf den gegenwärtigen Moment bezieht (und nicht auf die Vergangenheit oder die Zukunft), und
- nicht wertend ist (Kabat-Zinn, 2019).

© Der/die Autor(en), exklusiv lizenziert an Springer-Verlag GmbH, DE, ein Teil von Springer Nature 2025
M. Krebs und C. Kuhn, *Mehr SMART als PHONE – fokussiert und inspiriert arbeiten,* essentials, https://doi.org/10.1007/978-3-662-71521-5_3

In der heutigen Welt, in der es eine Herausforderung ist, intensiv und ohne Ablenkung zu arbeiten, kann Achtsamkeit helfen. Durch das Üben von Achtsamkeit lernen wir, uns auf das Hier und Jetzt zu konzentrieren, vollkommen präsent bei unseren jeweiligen Aktivitäten zu sein und Ablenkungen auszublenden, was dazu beiträgt, unsere Aufmerksamkeitsspanne zu verbessern und unsere Produktivität zu erhöhen (Kabat-Zinn, 2019). Darüber hinaus steigert Achtsamkeit auch das allgemeine Wohlbefinden, fördert die Emotionsregulation und reduziert Stress und Angst (Newman, 2022).

Obwohl das Thema Achtsamkeit nicht neu ist, hat es erst durch das von Jon Kabat-Zinn Ende der 1970er Jahre entwickelte Programm Mindfulness-Based Stress Reduction (MBSR) Einzug in die westliche Welt gehalten. MBSR zielt darauf ab, Stress durch Achtsamkeit zu reduzieren und umfasst ein achtwöchiges Programm mit formellen Praktiken wie Meditation und Yoga sowie informellen Praktiken wie achtsamem Essen und Gehen (Kabat-Zinn, 2019).

3.1.2 Mind full oder Mindful? Verschiedene Arten von Aufmerksamkeit

Die Art und Weise, wie wir unsere Aufmerksamkeit lenken, hat einen grossen Einfluss auf unsere Gedanken, Emotionen und unser Verhalten. Dieser Einfluss wird in der Achtsamkeitspraxis deutlich, die verschiedene Formen der Aufmerksamkeit nutzt, um das Bewusstsein für den gegenwärtigen Moment zu stärken. Grundsätzlich lassen sich drei unterschiedliche Zustände der Aufmerksamkeitsausrichtung unterscheiden: die zerstreute, die fokussierte und die offene Aufmerksamkeit (Ballreich, 2019).

Zerstreute Aufmerksamkeit ist ein Zustand, in dem unser Geist unkontrolliert umherwandert. Dies wird oft als "Affengeist", "wandernder Geist" oder "Gedankenkarussell" bezeichnet. Der Affengeist beschreibt das Phänomen, dass unsere Gedanken oft unaufhörlich von einem Thema zum anderen springen, ähnlich wie ein Affe von einem Ast zum anderen (Kabat-Zinn, 2019). Dieses ständige Springen der Gedanken aktiviert im Gehirn das sogenannte Default Mode Network (DMN), eine Gruppe von Hirnregionen, die aktiv sind, wenn unser Geist zur Ruhe kommt und wir nichts tun. Meist schweifen unsere Gedanken dann in die Vergangenheit oder in die Zukunft ab, wir sind in Tagträumen gefangen oder denken über uns selbst nach (Braun, 2018). Oft sind damit auch negative Emotionen, Sorgen und Stress verbunden, die sich negativ auf unser Glücksempfinden auswirken (Tan, 2015). Zudem führt diese Form der Aufmerksamkeit meist zu Automatismen. Wenn wir abgelenkt sind, befinden wir uns im

3.1 Achtsamkeit

Autopilot-Modus und führen gewohnheitsmässige, automatische Handlungen aus, ohne uns dessen voll bewusst zu sein. Wir handeln dann nach Mustern und Annahmen. In diesem Zustand befinden wir uns übrigens viel öfter als wir denken – nämlich etwa 50 % unserer Wachzeit (Otto, 2019; Narbeshuber, 2019).

Die Schulung der Achtsamkeit steht in engem Zusammenhang mit unserer Fähigkeit, dieses Netzwerk in unserem Gehirn bewusst und direkt beeinflussen zu können. Denn durch Achtsamkeitsübungen und Meditation können wir das Default Mode Network herunterfahren oder gar ausschalten und damit diese Gedankenketten und Tagträume unterbrechen. Es werden Netzwerke im Gehirn aktiviert, die mit Selbstkontrolle und kognitiver Steuerung in Verbindung stehen und die die Autopilot-Prozesse stoppen. Hier kommt die fokussierte Achtsamkeit ins Spiel, denn mit bestimmten fokussierenden Achtsamkeitspraktiken, die die Aufmerksamkeit bündeln, können wir unsere Aufmerksamkeit stärken. Metaanalysen zeigen hier eindeutige Effekte. Wir können also den Affen in unserem Geist trainieren (Narbeshuber, 2019; Newman, 2022; Ott, 2019).

Fokussierte Aufmerksamkeit bedeutet, dass wir uns bewusst auf eine bestimmte Aktivität, ein bestimmtes Objekt oder einen bestimmten Gedanken konzentrieren, und alle anderen Gegebenheiten und Gedanken ausblenden. Das kann zum Beispiel die Atmung bei der Meditation sein, ein bestimmtes Körperteil bei der Körperwahrnehmungsübung (Body Scan) oder ein bestimmter Gedanke oder ein bestimmtes Gefühl. Indem wir lernen, unsere Aufmerksamkeit zu fokussieren, können wir die Kontrolle über unseren Geist zurückgewinnen und unsere Gedanken, Gefühle und Reaktionen bewusster steuern. Diese Art der Aufmerksamkeit hilft, den Geist zu beruhigen und aus dem ständigen Gedankenkarussell des "Affengeistes" auszusteigen. So kann sie uns helfen, Aufgaben effizienter und effektiver zu erledigen, ohne uns von Ablenkungen stören zu lassen (Kabat-Zinn, 2019).

Offene Aufmerksamkeit – oft auch als offenes Gewahrsein bezeichnet – ist der Zustand, in dem wir einen offenen und unvoreingenommenen Blick auf alles haben, was in unserem Bewusstsein vor sich geht. Sie ermöglicht es uns, uns vollständig auf den gegenwärtigen Moment zu konzentrieren, ohne uns auf einen bestimmten Aspekt zu fokussieren oder uns an etwas festzuhalten. Diese Form der Aufmerksamkeit führt dazu, dass sowohl das Default Mode Network als auch die Netzwerke der fokussierten Aufmerksamkeit weniger aktiv sind. Offene Aufmerksamkeit ermöglicht, dass wir Dinge so akzeptieren, wie sie kommen, ohne sie zu bewerten oder zu beurteilen. Wir sind offen für alles und lassen es durchziehen wie Wolken am Himmel. Wir greifen nicht danach, und lassen uns von Gedanken und Emotionen daher nicht davontragen. Dies kann den Geist beruhigen und neue Perspektiven und kreative Lösungen für Probleme ermöglichen (Narbeshuber, 2019).

Wenn wir achtsam sind, lernen wir, unsere Gedanken, Gefühle und Empfindungen wahrzunehmen, ohne uns mit ihnen zu *identifizieren*. Anstatt uns in unseren Gedanken zu verfangen und sie als absolute Wahrheiten und unsere persönliche Realität zu betrachten, lernen wir, sie einfach als das zu sehen, was sie sind: Gedanken, die kommen und gehen. Wenn wir einen Gedanken wahrnehmen, können wir uns dafür entscheiden, ihn anzunehmen und loszulassen, anstatt uns in ihm zu verfangen. Dieser Prozess wird durch fokussierte und offene Aufmerksamkeit unterstützt. Wir üben, unsere Gedanken wahrzunehmen (fokussierte Aufmerksamkeit), sie anzunehmen und wieder loszulassen (offene Aufmerksamkeit), anstatt uns auf sie zu fixieren (zerstreute Aufmerksamkeit) und uns mit ihnen zu identifizieren (Kabat-Zinn, 2018).

Durch diese Praxis der achtsamen Wahrnehmung können wir lernen, uns aus dem ständigen Gedankenkarussell unseres Affengeistes zu befreien und mehr Klarheit, Ruhe und Gelassenheit in unser Leben zu bringen. Es geht nicht darum, Gedanken oder Gefühle zu vermeiden oder zu unterdrücken, sondern sie so anzunehmen, wie sie sind, und dann loszulassen. Eine der zentralen Erkenntnisse der Achtsamkeitspraxis ist, dass wir nicht unsere Gedanken sind, sondern sie lediglich erleben (Kabat-Zinn, 2018).

3.1.3 Formelle versus informelle Achtsamkeitspraxis

Bei der Achtsamkeit handelt es sich sowohl um eine formelle Praxis, die durch spezielle Achtsamkeitsübungen entwickelt wird, als auch um eine informelle Praxis, die in den Alltag integriert werden kann, indem man bei alltäglichen Tätigkeiten achtsam ist. Durch diese kontinuierliche Praxis kann Achtsamkeit zu verbesserter Konzentration, weniger Stress und mehr Wohlbefinden führen. Es ist wichtig zu beachten, dass die Entwicklung von Achtsamkeit Zeit und Geduld erfordert. Es geht nicht darum, einen "perfekten" Geisteszustand zu erreichen, sondern vielmehr darum, einen freundlichen und akzeptierenden Umgang mit dem eigenen Geist und Körper zu kultivieren und eine neue Beziehung zur Welt um uns herum zu entwickeln (Schug, 2022).

Bei der **formellen Achtsamkeitspraxis** wird die Aufmerksamkeit über einen bestimmten Zeitraum auf etwas vorher Bestimmtes gerichtet (z. B. auf den Atem). Formelle Achtsamkeitspraxis umfasst strukturierte Übungen wie Meditationen, geführte Atemübungen oder Körperwahrnehmungsübungen im Sitzen, Liegen oder Gehen (z. B. Atemmeditation, Body Scan etc.). Diese Übungen zielen darauf ab, den Geist zu beruhigen und die Aufmerksamkeit auf den gegenwärtigen Moment zu lenken. Durch die Konzentration auf ein bestimmtes Ziel oder Objekt (z. B. den Atem) lernen die Übenden, ihren unaufhörlichen Gedankenstrom wahrzunehmen und die Aufmerksamkeit sanft immer wieder auf den Atem zu lenken. Diese Übung fördert die Fähigkeit, automatische Gedanken und Verhaltensmuster zu erkennen und achtsamer zu reagieren, anstatt impulsiv zu handeln. Die formelle Achtsamkeitspraxis ist vergleichbar mit dem Training im Fitnessstudio, bei dem durch konsequentes und regelmässiges Üben der "Achtsamkeitsmuskel" gestärkt wird (Kabat-Zinn, 2019; Tan, 2015; Narbeshuber, 2019; Schug, 2022).

Die **informelle Achtsamkeitspraxis** hingegen bezieht sich auf die Integration von Achtsamkeit in unsere täglichen Aktivitäten und Routinen. Sie zielt darauf ab, Achtsamkeit in alltägliche Erfahrungen zu integrieren, um mehr Bewusstheit und Präsenz in jedem Moment ("von Moment zu Moment") zu fördern. Beispiele für informelle Achtsamkeitsübungen sind achtsames Essen, achtsames Gehen oder achtsame Kommunikation. Informelle Achtsamkeitspraxis bedeutet auch, sich seiner Gedanken, Gefühle und Körperempfindungen in jedem Moment bewusst zu sein. Wenn wir merken, dass wir wütend, angespannt oder unruhig sind, können wir einen Moment innehalten und diese Empfindungen beobachten, ohne darauf zu reagieren. Auf diese Weise können wir lernen, gelassener auf Stress zu reagieren und die Kontrolle über unser eigenes Erleben zurückzugewinnen. Die informelle Praxis hat den Vorteil, dass sie jederzeit und überall durchgeführt werden kann. Sie nimmt keine zusätzliche Zeit in Anspruch, da sie einfach in das integriert wird, was wir ohnehin tun. Das macht sie zu einer äusserst effektiven Methode, Achtsamkeit in unser Leben zu bringen. Da wir dazu neigen, die meiste Zeit unseres Lebens im "Autopilot"-Modus zu verbringen, kann die informelle Achtsamkeitspraxis einen grossen Unterschied für unsere Lebensqualität und unser Wohlbefinden machen. Sie ermöglicht es uns, jeden Moment voll und ganz zu leben, anstatt durch unser Leben zu hetzen (Kabat-Zinn, 2019; Tan, 2015; Schug, 2022).

3.1.4 Vorteile und Nutzen von Achtsamkeit

Zahlreiche Forschungsprojekte und Studien (Newman, 2022; Tan, 2015; Charness et al., 2024; Mora Álvarez, M.G et al., 2023) haben aufgezeigt, dass Achtsamkeit Verbesserungen in Bezug auf verschiedene Aspekte mit sich bringen kann:

- Konzentrationsfähigkeit, Aufmerksamkeit und Fokus
- die Fähigkeit, klare Entscheidungen zu treffen

- das Lernen und Behalten von Informationen
- Umgang mit Stress
- Energie und Produktivität
- Kreativität
- Zufriedenheit
- Körperliche Gesundheit (Immunfunktion, Herz-Kreislauf-Erkrankungen, Zellalterung etc.)
- Psychische Gesundheit (Depression, Angst, Schmerz, emotionale Erschöpfung etc.)
- Sozialverhalten (Verbundenheit, Kommunikation, Hilfsbereitschaft etc.)

Der aktuelle Search Inside Yourself 2023 Program Impact Report (2023) und eine Analyse der Umfragedaten von 650 Teilnehmenden am SAP Programm im Zeitraum von 2014–2015 (SAP Global Mindfulness Practice Helps Employees Improve Well-Being, Productivity, Leadership Skills, o. D.) kommen zu ähnlichen Ergebnissen.

3.1.5 Übungen und Praktiken zum besseren Umgang mit Achtsamkeit

So viel zur Theorie, nun geht es zur praktischen Anwendung! Folgende Übungen und Praktiken können dich unterstützen, achtsamer zu werden und damit deine Fokussierung und Aufmerksamkeit zu stärken.

▶ **Tipp 3 Atemzüge:** bei dieser Übung nimmst du drei tiefe, lange Atemzüge, konzentrierst dich dabei auf das Ein- und Ausatmen und achtest auf die Empfindungen im Körper (Tan, 2015).
Einminütige Meditation: bei dieser Übung sitzt du eine Minute lang still, entspannst Körper und Geist und nimmst die natürliche Atmung wahr. Dabei versuchst du, alle störenden Gedanken vorbei ziehen zu lassen, um einen Zustand der Ruhe und inneren Klarheit zu erreichen (Braun, 2018, Newman, 2022; Schug, 2022).
Atemmeditation: bei dieser Übung geht es darum, dass du dich während einer bestimmten, gewählten Zeitdauer (in der Regel startet man mit einer Minute und kann das über die Zeit auf 10, 15, 20, 30 bis zu 60 Minuten ausdehnen) auf deinen Atem konzentrierst und die Gedanken und Gefühle wahrnimmst, die beim Ein- und Ausatmen

auftreten. Du vergisst dabei alles andere und konzentrierst dich nur auf das Atmen, was hilft, den Geist zu fokussieren und zu beruhigen. Du kannst das überall und jederzeit tun (Braun, 2018; Newman, 2022; Schug, 2022).

Bodyscan-Meditation: diese Übung besteht darin, bewusst die Aufmerksamkeit auf die verschiedenen Regionen des Körpers zu lenken, die angesprochen werden und dort die Empfindungen des Körpers wahr zu nehmen, ohne zu versuchen, diese zu verändern: Wärme oder Kühle, Entspannung oder Anspannung, ein Druckempfinden oder Kribbeln, Jucken oder Pochen (Braun, 2018; Newman, 2022; Narbeshuber, 2019; Schug, 2022).

Achtsames Gehen: hierbei konzentrierst du dich auf das Gefühl deiner Füsse auf dem Boden und das Gewicht deines Körpers. Nimm wahr, was genau beim Gehen mit deinem Körper geschieht (Braun, 2018; Narbeshuber, 2019; Tan, 2015; Schug, 2022).

Achtsames Essen: bei dieser Übung konzentrierst du dich bewusst auf das Essen. Dabei geht es darum, jeden Bissen bewusst wahrzunehmen und zu schmecken, zu riechen und zu fühlen, um das Essen wirklich zu erleben. Du beobachtest die Farben, Texturen und Aromen der Nahrung und nimmst dir Zeit, jeden Bissen gründlich zu kauen. Es ist hilfreich, dazwischen immer wieder das Besteck abzulegen, um noch intensiver wahrzunehmen (Newman, 2022; Narbeshuber, 2019).

Achtsames Zuhören: bei dieser Übung geht es darum, ganz bewusst auf das zu achten, was die andere Person sagt, ohne innerlich zu reagieren, zu urteilen oder den nächsten Kommentar zu planen. Es geht vielmehr darum, im gegenwärtigen Moment präsent und offen zu sein für das, was mitgeteilt wird. Wenn du merkst, dass du abschweifst, so kehre mit deiner Aufmerksamkeit behutsam zur sprechenden Person zurück (Tan, 2015).

1 Minute zum Ankommen: nimm dir (z. B. zu Beginn eines Meetings) eine Minute Zeit, um innezuhalten, dich voll und ganz auf den gegenwärtigen Moment zu konzentrieren, ruhig zu atmen und somit körperlich und geistig in der gegenwärtigen Umgebung "anzukommen" (Narbeshuber, 2019).

A-L-I (Atmen-Lächeln-Innehalten): unterbrich die aktuelle Tätigkeit für einen bestimmten Zeitraum von etwa 30 Sekunden bis zu einer Minute. Nimm einen tiefen Atemzug und spüre, wie die Luft durch deinen Körper strömt. Lächle bewusst und deutlich und achte darauf, wie sich deine Gesichtsmuskeln dabei anfühlen. Halte inne und richte deine Aufmerksamkeit weiter auf den Atem und das Lächeln. Fahre nach der gewählten Zeit mit deiner Aufgabe fort (Braun, 2018; Narbeshuber, 2019).

S-T-O-P (Stop, take a breath, observe and proceed): unterbreche deine aktuelle Tätigkeit. Halte inne (stop) und nimm einen bewussten, tiefen Atemzug (take a breath), bei dem du dich auf Einatmen, Ausatmen und eine Pause nach dem Ausatmen konzentrierst. Beobachte dabei deinen Körper, Gefühle, Gedanken und innere Bilder (observe), ohne etwas verändern zu wollen. Dann setze deine vorherige Tätigkeit bewusst fort (proceed) (Braun, 2018).

Achtsamkeit ist eine Einstellung und Fähigkeit, die uns auch bei vertiefter Arbeit – deep work – weiterhilft. Darum wird es im folgenden Kapitel gehen.

3.2 Deep Work

3.2.1 Was ist Deep Work?

Deep Work, ein Begriff geprägt von Produktivitätsexperte und Autor Cal Newport, bezieht sich auf die Fähigkeit, ohne Ablenkung an einer kognitiv anspruchsvollen Aufgabe zu arbeiten. Es ist ein Zustand, in dem wir uns vollständig auf eine Aufgabe konzentrieren, ohne durch soziale Medien, E-Mails oder andere Ablenkungen unterbrochen zu werden. Laut Newport ist Deep Work das Gegenteil von "Shallow Work", flacher Arbeit, die durch ständige Unterbrechungen und Ablenkungen gekennzeichnet ist (Newport, 2022).

Das Problem von Deep Work besteht darin, dass tiefes und fokussiertes Arbeiten immer wichtiger wird, um komplexe Probleme zu lösen. Gleichzeitig ist eine Kultur von Shallow Work weit verbreitet. Eine McKinsey Studie aus 2012 belegt, dass Wissensarbeiter über die Hälfte ihrer Arbeitszeit mit digitaler Kommunikation und online Recherche verbringen, fast ein Drittel davon für das Lesen und Beantworten von E-Mails (Chui et al., 2012). Diese fragmentierte Aufmerksamkeit erschwert tiefe Arbeit, die lange, ungestörte Konzentrationsphasen erfordert, und fördert stattdessen flache, leicht reproduzierbare Aufgaben (Newport, 2022).

Obwohl Deep Work unverzichtbar ist, um kreative Ideen zu entwickeln und unser Denken im Zeitalter der künstlichen Intelligenz optimal zu nutzen, wird unsere Arbeitsweise immer mehr von ständiger Erreichbarkeit, Multitasking und oberflächlichen Aufgaben bestimmt. Gleichzeitig führt die Automatisierung routinemässiger Aufgaben dazu, dass die verbleibenden Tätigkeiten immer komplexer werden und mehr kognitive Anstrengung erfordern. Daher ist es für Unternehmen und Individuen wichtig, gezielt Zeit und Raum für ungestörtes, vertieftes Arbeiten zu schaffen, auch wenn die moderne Arbeitsumgebung das nicht immer begünstigt. Andernfalls besteht die Gefahr, dass unsere Innovationskraft und Problemlösungskompetenz beeinträchtigt werden (Newport, 2022).

Auch Trends wie Grossraumbüros beeinträchtigen die Konzentrationsfähigkeit durch ständige Ablenkungen, was oft die geistige Leistungsfähigkeit verringert (Newport, 2022). Leslie Perlow von der Harvard Business School konnte in einem Experiment mit der Boston Consulting Group nachweisen, dass temporäre Nichtverfügbarkeiten – bei denen jedes Teammitglied einmal pro Woche einen Tag komplett für sich selbst reserviert – das Wohlbefinden und die Leistung steigern kann. Dennoch bleibt die Erwartung ständiger Erreichbarkeit bestehen (Perlow, 2012). Der Grund dafür ist, dass es *einfacher* ist. Sofortige Antworten erfordern weniger Aufwand und verringern die Notwendigkeit von Planung und Organisation. Während Deep Work oft anstrengend ist, erscheint Shallow Work leichter und belohnt uns sofort mit Glückshormonen (Dopaminausschüttung). Zudem lässt dieses Verhalten die Beschäftigten nach aussen hin aktiv und produktiv wirken, weil sie sichtbar viele Aufgaben erledigen (Newport, 2022).

3.2.2 Shallow work und die Auswirkungen auf unser Hirn

Im Anschluss an Abschnitt 2.1 möchten wir hier nochmals im Zusammenhang mit Deep Work einige Herausforderungen der Aufmerksamkeitssteuerung ergänzend ausführen. Nicholas Carr (2011) beschreibt in "The Shallows", wie das Internet unser Denken und Lernen verändert. In unserer vernetzten Welt wird das lineare Lesen durch ein netzwerkartiges, fragmentiertes Lesen ersetzt, da unser Hirn sich an das gleichzeitige Verarbeiten vieler kurzer Textblöcke und den ständigen Wechsel zwischen verschiedenen Informationsquellen anpasst. Die konstante Präsenz verschiedener Informationsströme auf Bildschirmen und die ständigen Unterbrechungen durch elektronische Geräte führen dazu, dass unser Gehirn sich immer mehr auf Multitasking ausrichtet. Der Fokus verlagert sich von der intensiven Beschäftigung mit einem einzigen Thema hin zu einer breiten Streuung der Aufmerksamkeit. Das Gehirn muss folglich ständig Entscheidungen treffen, wie z. B. ob man einer Benachrichtigung folgen, einen Hyperlink anklicken oder zum ursprünglichen Text zurückkehren soll. Und – unser Gehirn ist auf Ablenkung eingestellt; je mehr wir abgelenkt werden, desto mehr sehnt sich unser Geist nach Ablenkung (Gazzaley & Rosen, 2018).

Carr (2011) belegt mit wissenschaftlichen Studien, dass durch ständige Unterbrechungen und Ablenkungen durch E-Mails, soziale Medien und das Internet das vertiefte, reflektierende Denken, das für das Lesen und Schreiben von längeren Texte notwendig ist, zunehmend verloren geht. Dadurch werden wir ungeduldiger und können uns nicht mehr so lange konzentrieren. Vor einigen Jahren war es noch akzeptabel, nach dem Anklicken eines Links 4–5 Sekunden zu warten. Heute hingegen springt insbesondere die jüngere Generation bereits nach 1–2 Sekunden ohne Reaktion zum nächsten Video oder Link (Gazzaley & Rosen, 2018). Die Beobachtungen von Nicholas Carr aus dem Jahr 2011 haben in einer zunehmend beschleunigten und verdichteten Arbeitswelt, die stark von künstlicher Intelligenz geprägt ist, an Bedeutung gewonnen.

Sophie Leroy konnte zudem nachweisen, dass die Aufmerksamkeit beim Wechseln von einer Aufgabe zur anderen nicht unmittelbar nachfolgt, da ein "Überrest" der Aufmerksamkeit im Nachdenken über die ursprüngliche Beschäftigung verharrt – einen Effekt, den sie "Aufmerksamkeitsrückstand" nennt und der einen negativen Einfluss auf die Leistungsfähigkeit hat. Dieser Rückstand wird besonders gross, wenn die Arbeit an der vorherigen Aufgabe nicht fest begrenzt und von geringer Intensität war. Doch selbst wenn die vorherige Aufgabe abgeschlossen werden konnte, bleibt die Konzentration für einige Zeit noch bei beiden Aufgaben (Leroy, 2009).

Die Technologie macht Gedächtnisfunktionen entbehrlich, weil sie Informationen leicht verfügbar macht. Dadurch schwinden ungenutzte neuronale Verbindungen – nach dem Prinzip "If you don't use it, you will lose it" (Carr, 2011).

Auch andere Studien und Untersuchungen weisen darauf hin, dass eine derartige flache Denkweise, die tiefere Konzentration verhindert, oftmals nicht so leicht rückgängig gemacht werden kann. Wer viel Zeit mit flacher Arbeit verbringt, reduziert langfristig seine Fähigkeit, sich zu konzentrieren, da der Frontallappen verkümmert. Shallow work geht zudem oft einher mit einem kurzfristigen Dopamin-Kick im Gehirn, der zu einer Dopamin-Fehlregulation, Suchtverhalten und im Extremfall zur Vernachlässigung der Grundbedürfnisse führen kann (Jäncke, 2021).

Fazit: Multitasking und fragmentierte Arbeit durch digitale Medien erschweren tieferes, reflektierendes Denken.

3.2.3 Vorteile und Nutzen von Deep Work

In einer Welt, in der Multitasking und ständige Erreichbarkeit als Zeichen von Effizienz und Produktivität angesehen werden, ermutigt uns Deep Work dazu, uns voll und ganz auf die aktuelle Aufgabe zu konzentrieren und potenzielle Ablenkungen auszuschliessen. Dies zeigt die Wichtigkeit von Fokus und Achtsamkeit und führt bei regelmässigem Üben zu einer höheren Produktivität. Deep Work steigert jedoch nicht nur unsere Produktivität, sondern hat auch positive Auswirkungen auf unser Wohlbefinden. Es fördert ein tieferes Verständnis und eine stärkere Bindung zu unserer Arbeit, was zu höherer Arbeitszufriedenheit führt und Stress sowie das Gefühl von Überforderung verringert (Newport, 2022).

Winifred Gallagher (2010) hat untersucht, wie unsere Aufmerksamkeit unser Glücksempfinden beeinflusst. Sie fand heraus, dass unser Lebenssinn stark davon abhängt, wohin wir unsere Aufmerksamkeit lenken. Intensive, konzentrierte Arbeit (Deep Work) hilft uns, unser Leben als sinnvoll und wichtig zu empfinden. Denn wenn wir uns auf etwas konzentrieren, so lassen wir weniger Störungen des Alltags an uns heran. Sie hat auch herausgefunden, dass Menschen am zufriedensten sind, wenn sie sich voll und ganz einer herausfordernden Aufgabe widmen. In der Positiven Psychologie sprechen wir auch von Flow-Zuständen, die uns achtsam und vertieft im Hier und Jetzt agieren lassen. Das ständige Abrufen von E-Mails hingegen lenkt ab und führt zu Stress, zudem fördert die mangelnde Fokussierung negative Gedanken (Gallagher, 2010).

Fazit: Wir empfinden Arbeit und Leben als wertvoller, wenn wir uns auf Wesentliches konzentrieren und unwichtige Aspekte ignorieren, was unser Glück und Wohlbefinden stärkt.

3.2.4 Übungen und Praktiken zum besseren Umgang mit Deep Work

So viel zur Theorie, nun geht es zur praktischen Anwendung! Folgende Übungen und Praktiken können dich in Bezug auf Deep Work unterstützen, und damit deine Fokussierung und Aufmerksamkeit stärken.

▶ **Tipp Monotasking:** erledige eine Sache nach der anderen, um Stress abzubauen, die Produktivität zu steigern und die Stimmung zu verbessern. Plane zu Beginn des Tages deine Aufgaben und erledige unangenehme zuerst, um den Kopf freizubekommen. Bleibe konsequent bei dieser Aufgabe, bis sie abgeschlossen ist, bevor du zur nächsten übergehst (Newport, 2022).

Zeitblöcke nach der eigenen Konzentrationsphilosophie setzen: Integriere Deep Work in deinen Zeitplan, indem du feste Zeiten für ununterbrochene, intensive Arbeits- oder Lernphasen festlegst und diese in deinem Kalender einträgst, damit andere wissen, dass du dann nicht verfügbar bist. Während dieser Zeitblöcke konzentrierst du dich nur auf eine Aufgabe und vermeidest Ablenkung. Diese Blöcke können bestimmte Tage oder Zeiten umfassen, oder die Lern- und Arbeitsphasen können kontinuierlich durch den Alltag fliessen. Alternativ können Deep Work-Phasen auch spontan eingebaut werden, wenn sich die Möglichkeit dazu ergibt (Eyal & Li, 2021; Newport, 2022).

Pomodoro-Technik: Diese von Francisco Cirillo Ende der 1980er Jahre entwickelte Technik kombiniert intensive Arbeitsblöcke mit kurzen Pausen. Der Name "Pomodoro", italienisch für "Tomate", stammt von der Küchenuhr in Tomatenform, die Cirillo zur Zeitmessung verwendete. Die Arbeit wird in 25-minütige Abschnitte, sogenannte "Pomodoros" unterteilt, gefolgt von einer fünfminütigen Pause, um sich zu entspannen und den Geist von der vorherigen Aufgabe zu befreien. Nach vier solchen Zyklen ("Pomodoros") folgt eine längere Pause von 15 bis 30 Minuten. Diese längeren Pausen ermöglichen eine tiefere Erholung und helfen, die geistige Frische für die nächsten Arbeitsintervalle zu bewahren. Diese Methode maximiert die Konzentration und minimiert Ablenkungen, da das feste Ziel von 25 Minuten pro Einheit motiviert, sich voll und ganz auf eine Aufgabe zu konzentrieren. Wichtig ist, dass pro Pomodoro nur an einer Aufgabe gearbeitet wird, und dass die Planungsphase vor der Arbeit ebenso bedeutend ist wie die eigentliche Arbeit selbst (Newport, 2022; Cirillo, 2018).

Etabliere Rituale und Routinen: Gewohnheiten und Rituale zu Beginn und am Ende deiner "Deep Work"-Sitzung helfen dir, in den Modus tiefer Konzentration einzutauchen und wieder herauszukommen. Das kann ein bestimmter Arbeitsort, das Trinken einer Tasse Tee, eine Atemübung oder ein Ritual sein, das den Arbeitsbeginn und das Arbeitsende kennzeichnet (Newport, 2022).

Umgang mit Technologie: Nutze Technologie bewusst, um Ablenkungen zu minimieren. Deaktiviere Benachrichtigungen, verwende Apps, die störende Websites blockieren, und lege feste Zeiten für die Kontrolle von E-Mails und Social Media fest. Während der Deep Work Phasen solltest du Ablenkungen durch Smartphones, Internet, Social Media etc. unbedingt vermeiden (vgl. Abschn. 2.2; Höpker, 2018; Eyal, 2021; Newport, 2022).

Lege regelmässig Pausen ein: kurze Pausen zum Entspannen oder Meditieren können helfen, das Gehirn zu erfrischen und die Konzentrationsfähigkeit für die nächste Deep Work-Phase zu steigern. Diese Pausen sollten nicht für Social Media Feeds genutzt werden, sondern zum Aufstehen, Trinken, Frischluft schnappen oder für Gespräche mit Kollegen und Kolleginnen. Auch längere Pausen wie Wochenenden oder Urlaub sind wichtig, um Erschöpfung vorzubeugen und den Kopf freizubekommen. Besonders wichtig sind die Pausen zwischen dem Ende des Lern- oder Arbeitstages und dem nächsten Morgen, um den Gedanken an Arbeit oder Lernstoff zu entkommen. So kann die Entspannung die notwendige Regeneration der Aufmerksamkeit erreichen. Andernfalls kann die Leistungsfähigkeit am nächsten Tag leiden. Ein Feierabendritual kann hierbei hilfreich sein (Newport, 2022).

Arbeits- und Lernumgebung: schaffe eine ungestörte Umgebung für Deep Work, wie einen abgeschotteten Raum, ein "Bitte nicht stören"-Schild oder eine rote Lampe am Bildschirm. Es sollte klar sein, dass du nicht gestört werden möchtest. Einige bevorzugen absolute Stille, während andere bestimmte Hintergrundgeräuschen oder Musik zur Förderung ihres Fokus nutzen. Wichtig ist auch das Abschalten von digitalen Geräten, Benachrichtigungen und andere potenzielle Ablenkungen (Höpker, 2017; Newport, 2022).

Auf organisationaler Ebene können die folgenden Übungen Praktiken in Bezug auf Deep Work unterstützen.

▶ **Tipp Meetingfreie Tage:** z. B. jeden Freitag gibt es keine offiziellen Meetings (ausgenommen gemeinsame Pausen, soziale Bedürfnisse).

Pull-Prinzip: Anstelle von Push-E-Mails oder Chat-Nachrichten arbeiten wir gemeinsam an Dokumenten (z. B. in MS Teams, SharePoint etc.). Jede und jeder kann innerhalb eines festgelegten Rahmens selbst entscheiden, wann und wie er/sie sich einbringt, was eine selbstbestimmte und fokussierte Konzentration auf die Aufgabe ermöglicht. Eine transparente Übersicht über die Kapazitäten im Team trägt zusätzlich zur Unterstützung bei (Newport, 2024).

Kurze "Stand-ups" und "Check-ins": diese ermöglichen eine schnelle und klare Koordination und ersetzen die Vielzahl an E-Mails und Chats.

Kürzere Meetings: Meetings sind zielgerichtete und gut vorbereitete Arbeitssitzungen und keine Multitasking- und Multitoolsitzungen zur latenten Förderung von Aufmerksamkeitsstörungen. Test: wieder einmal ein kürzeres Meeting von einer Stunde nur mit Stift und Papier durchführen. Hinterher überlegen, was gut war und für welche Besprechungsart das geeignet sein könnte.

Wenn bei Vorschlägen sofort der Impuls kommt "geht nicht", "bei uns nicht", wäre es gut, diesen Impuls einmal zu unterdrücken und sich Varianten zu den Vorschlägen zu überlegen. Eine hilfreiche Haltung dabei ist der Satz: "Das ist interessant, probieren wir es aus…".

Nachdem wir die Prinzipien und Techniken von Deep Work kennengelernt haben und wissen, wie sie unsere Produktivität und unser Wohlbefinden steigern können, wenden wir uns nun einem weiteren entscheidenden Aspekt zu: dem Energiemanagement. Um einen optimalen Fokus und nachhaltige Leistungsfähigkeit zu erreichen, ist es wichtig, unsere Energie und Ressourcen effektiv zu managen. Im nächsten Kapitel erläutern wir die Bedeutung von Ernährung, Bewegung und Schlaf für unser Wohlbefinden und unsere Leistungsfähigkeit, und wie diese Faktoren unsere Fähigkeit zu konzentriertem und produktivem Arbeiten unterstützen.

3.3 Energiemanagement

Physische und psychische Gesundheit sind die Basis für persönliche Energie. Ein effektives Energiemanagement ist entscheidend für die Fähigkeit, sich zu konzentrieren und aufmerksam zu bleiben. Schlaf, Bewegung, Ernährung und Erholung spielen dabei eine zentrale Rolle. Ein ineffektives Energiemanagement kann hingegen zu chronischer Müdigkeit und Burnout führen, wodurch die Konzentrationsfähigkeit drastisch eingeschränkt wird. Schlechter Schlaf, Bewegungsmangel und ungesunde Ernährung können das Stressniveau erhöhen und die geistige Leistungsfähigkeit weiter vermindern (Sonnentag, 2001).

Beim Energiemanagement werden die Herausforderungen oder Belastungen, denen wir gegenüberstehen, den Ressourcen gegenübergestellt, also dem, was uns hilft, Kraft zu schöpfen oder zu erhalten. Um dauerhaft leistungsfähig und vor allem gesund zu bleiben, müssen diese Belastungen und Ressourcen im Gleichgewicht sein (Bakker & Demerouti, 2007; Krause et al., 2016). Dabei sind zunehmend auch digitale Stressoren (Gimpel et. al., 2019), insbesondere die digitalen Möglichkeiten der permanenten Erreichbarkeit und Überwachung – der "gläserne Mensch" mit dem Smartphone als Controller – bewusst einzubeziehen. Das Thema ist anspruchsvoll und komplex, es zwingt zu Vereinfachungen und Verweisen auf medizinische, psychologische oder neurowissenschaftliche Expertise. An dieser Stelle müssen einige verkürzte Hinweise genügen.

3.3.1 Wirkungsmodell zur Gesundheitsförderung

Wer sich wie in einem "Hamsterrad" fühlt und manchmal nur noch funktioniert, verliert oft das Bewusstsein für die eigenen Ressourcen. Das Wirkungsmodell BGM von Gesundheitsförderung Schweiz (Krause et al., 2016) betont, dass die Stärkung der persönlichen und sozialen Ressourcen zentral für die Bewältigung von Herausforderungen und für die Gesundheitsförderung ist. Es ist daher wichtig, sich seiner Ressourcen bewusst zu werden und Massnahmen zu ergreifen, um sicherzustellen, dass insgesamt mehr Ressourcen als Belastungen wahrgenommen werden.

Schlaf: die Grundlage der geistigen Leistungsfähigkeit
Ein guter und ausreichend langer Nachtschlaf ist für die Regeneration des Gehirns und die Verbesserung der Langzeitgedächtnisleistung unerlässlich – was dem Homo Digitalis immer schwerer fällt. Wer bis spät in den Abend oder die Nacht am Smartphone hängt oder gamet, muss sich nicht wundern, wenn die Nächte kürzer und unruhiger werden. Laut Walker (2017) erleichtert gesunder Schlaf die Speicherung von Erinnerungen und die Konsolidierung des Gelernten. Schlafmangel kann zu verminderter Wachsamkeit, Aufmerksamkeits- und Gedächtnisproblemen und erhöhter Fehlerquote führen. Studien zeigen, dass Menschen, die regelmässig weniger als sieben Stunden pro Nacht schlafen, ein erhöhtes Risiko für eine verminderte kognitive Leistungsfähigkeit haben. Darüber hinaus führt Schlafmangel auch zu emotionaler Instabilität, da negative Reize bevorzugt verarbeitet werden (Hirshkowitz et al., 2015).

Bewegung: Ein Katalysator für geistige Klarheit
Regelmässige körperliche Aktivität fördert die Durchblutung des Gehirns, verbessert die Leistung des Arbeitsgedächtnisses und kann die Bildung neuer Nervenzellen unterstützen. Laut einer Studie von Ratey und Hagerman (2008) verbessert körperliche Aktivität auch die Stimmung und reduziert Stress, was zu einer besseren Fokussierung beiträgt. Bereits moderate körperliche Aktivität, wie ein täglicher Spaziergang von 30 Minuten, hat signifikante positive Auswirkungen auf die kognitive Funktion (Haas, 2015).

Ernährung: Treibstoff für den Geist
Ernährung hat einen entscheidenden Einfluss auf Fokus und Aufmerksamkeit, insbesondere durch ihre Wirkung auf den Hippocampus. Diese Hirnstruktur ist wesentlich für die Gedächtnisbildung und die Regulierung von Emotionen zuständig. Eine gesunde Ernährung fördert die Neurogenese, was uns hilft, Gedächtnisinhalte effektiv zu verarbeiten und mit bestehenden Erinnerungen zu verknüpfen (Bast, 2023). Eine ausgewogene Ernährung mit ausreichenden Omega-3-Fettsäuren, Antioxidantien und wichtigen Vitaminen wie B6, B12 und D ist daher entscheidend für die Gesundheit des Gehirns und die kognitive Leistungsfähigkeit (Gómez-Pinilla, 2008).

Im Gegensatz dazu führt eine ungesunde Ernährung, die reich an Junkfood ist, zu einem kleineren Hippocampus, was die Fähigkeit zur emotionalen Regulation beeinträchtigt. Dies macht uns anfälliger für Stress und emotionale Labilität. Der Einfluss der Ernährung beschränkt sich nicht nur auf das Gedächtnis, sondern wirkt sich auch auf das Immunsystem und die allgemeine Stimmung aus (Bast, 2023).

Erholung: Zeit für Regeneration
Neben dem Schlaf ist auch die bewusste Entspannung während des Tages wichtig, um die Energiereserven wieder aufzufüllen und die Aufmerksamkeit zu schärfen. Techniken wie Meditation, Yoga oder einfach das bewusste Einlegen von Pausen können das Stressniveau senken und die Aufmerksamkeitsspanne verbessern (Tang et al., 2007). Diese Praktiken unterstützen das Ressourcenmodell, indem sie die individuelle Resilienz stärken und die Erholung fördern. Wir sollten daher möglichst alle 90 Minuten eine Pause einlegen, unsere Energiereserven wieder auffüllen und uns nur so anstrengen, dass wir uns innerhalb einer Woche wieder erholen können. Drei lange und tiefe Atemzüge hintereinander reichen aus, um den Körper zu entspannen und vom Stressmodus in den Entspannungsmodus zu schalten (Haas, 2015).

3.3.2 Übungen und Praktiken für ein effektives Energiemanagement

Ein gutes Energiemanagement mit ausreichend Schlaf, regelmässiger Bewegung, gesunder Ernährung und ausreichender Erholung ist für eine optimale Konzentrations- und Aufmerksamkeitsfähigkeit unerlässlich. Es fördert nicht nur die

3.3 Energiemanagement

geistige Klarheit, sondern trägt auch zum allgemeinen Wohlbefinden bei. Die folgenden Übungen und Praktiken können zu einem effektiven Energiemanagement beitragen.

▶ **Tipp Wirkungsmodell:** Überlege, welchen Belastungen du ausgesetzt bist und welche persönlichen Ressourcen dich stärken, um diese Belastungen zu bewältigen (Krause et. al, 2016).

Schlaf: bei der Vorbereitung auf den Schlaf sollten folgende Punkte beachtet werden: 1) Vermeiden von LED-Bildschirme, Tablets und Smartphones eine Stunde vor dem Schlafengehen, da diese einen hohen Blauanteil auf dem Bildschirm haben, der sich negativ auf die Melatoninausschüttung auswirkt und das Einschlafen künstlich verzögert. 2) Routinen und regelmässiges Zubettgehen helfen beim Einschlafen. 3) Schlafzimmer dunkel und kühl halten. Laut Schlafforschung sind 17–20 Grad ideal, nicht wärmer. 4) Grössere Mengen an Alkohol meiden (machen zwar müde, stören aber den Schlafrhythmus erheblich (Korte, 2021; Höpker, 2017)).

Bewegung: 4–5 mal pro Woche 30 Minuten Sport treiben, vor allem Ausdauersportarten wie Joggen, Radfahren oder auch zügiges Gehen (Korte, 2021). Alternative: Mehr Bewegung im Alltag, z. B. Treppensteigen statt Liftfahren, "Walking Meeting", eine Station früher aussteigen und den Rest zu Fuss gehen etc.

Ernährung: Die Wissenschaft empfiehlt grundsätzlich eine pflanzliche Ernährung plus Fisch und/oder Omega-3-Fettsäuren, Hülsenfrüchte, Vollkornprodukte und Nüsse, weniger rotes und vor allem verarbeitetes Fleisch (Wurst, Speck, Salami etc.) und weniger zuckerhaltige Getränke (Korte, 2021; Höpker, 2017; Kast, 2023).

Erholung: regelmässig kurze Pause einlegen

Fazit

Der "Homo Digitalis" steht im Spannungsfeld zwischen den enormen Möglichkeiten, die die digitale Technologie bietet, und den Herausforderungen, die sie mit sich bringt, insbesondere hinsichtlich der Aufmerksamkeit und des Umgangs mit Informationsüberflutung. Die ständige Reizüberflutung durch kurzlebige Informationen und die allgegenwärtige Erreichbarkeit fragmentieren unsere Zeit und verringern unsere Konzentrationsfähigkeit. Die Studien und Beispiele in diesem Buch verdeutlichen, wie die digitale Welt unser Verhalten und unsere Psyche beeinflusst. Um jedoch in dieser digitalen Welt erfolgreich zu navigieren, ist es entscheidend, gezielte Strategien und Methoden zu entwickeln, die uns helfen, unsere Aufmerksamkeit und unseren Fokus zu bewahren. Dies erfordert ein Bewusstsein für die Herausforderungen und die Bereitschaft, digitale Gewohnheiten kritisch zu hinterfragen und anzupassen. Nur so können wir die Vorteile der Digitalisierung nutzen, ohne unsere Fähigkeit zur Konzentration und zum tiefen Denken zu verlieren. Das in dem Buch vorgestellte Action-Learning-Programm bietet dazu eine praxisnahe Wegleitung.

Was Sie aus diesem *essential* mitnehmen können

- Überblick über digitale Ablenkungen und deren Herausforderungen.
- Strategien und praktische Übungen zur Reduktion persönlicher und beruflicher Ablenkungen sowie zur Förderung von Aufmerksamkeit, Produktivität und Wohlbefinden im digitalen Zeitalter.
- Umfangreiche Literaturhinweise zum Weiterlesen und Vertiefen.

© Der/die Herausgeber bzw. der/die Autor(en), exklusiv lizenziert an Springer-Verlag GmbH, DE, ein Teil von Springer Nature 2025
M. Krebs und C. Kuhn, *Mehr SMART als PHONE – fokussiert und inspiriert arbeiten*, essentials, https://doi.org/10.1007/978-3-662-71521-5

Literatur

Akili. (2024). Introducing Endeavo OTCTM—A game-based treatment clinically proven to improve attention and focus, specifically in adults with ADHD! https://www.akiliinteractive.com/ Zugegriffen: 20.01.2025.

Au, C. von (Hrsg.). (2017). Struktur und Kultur einer Leadership-Organisation: Holistik, Wertschätzung, Vertrauen, Agilität und Lernen. Springer. https://doi.org/10.1007/978-3-658-12554-7.

Bakker, A. B., & Demerouti, E. (2007). The Job Demands-Resources model: State of the art. Journal of Managerial Psychology, 22(3), 309–328. https://doi.org/10.1108/02683940710733115.

Bauer, J. (2023). Realitätsverlust: Wie KI und virtuelle Welten von uns Besitz ergreifen und die Menschlichkeit bedrohen (Originalausgabe). Heyne.

Binswanger, M. (2019). Die Tretmühlen des Glücks: Wir haben immer mehr und werden nicht glücklicher. Was können wir tun? (Aktualisierte Neuausgabe). Herder.

Binswanger, M. (2024). Die Verselbstständigung des Kapitalismus: Wie KI Menschen und Wirtschaft steuert und für mehr Bürokratie sorgt (1. Auflage). Wiley-VCH.

Bonchek, M. (2016). How to Stop Worrying About Becoming Obsolete at Work. Harvard Business Review. https://hbr.org/2016/01/how-to-stop-worrying-about-becoming-obsolete-at-work.

Bundesamt für Statistik. (2022). Psychische Gesundheit. Bundesamt für Statistik, Schweizer Bundesbehörden. https://www.bfs.admin.ch/bfs/de/home/statistiken/gesundheit/gesundheitszustand/psychische.html#:~:text=Die%20Depression%20ist%20die%20am,ab%2065%20Jahren%20(4%25). Zugegriffen: 20.01.2025.

Cirillo, F. (2009). The pomodoro technique (Vintage ed). Lulu.

Coenen M, Görlich Y (2022) Exploring nomophobia with a German adaption of the nomophobia questionnaire (NMP-Q-D). PLoS ONE 17(12): e0279379. https://doi.org/10.1371/journal.pone.027.

Eyal, N., & Li-Eyal, J. (2021). Die Kunst, sich nicht ablenken zu lassen: Indistractable – werden Sie unablenkbar (B. Fietzke, Übers.; 2. Auflage). Redline Verlag.

Gazzaley, A., & Rosen, L. D. (2018). Das überforderte Gehirn: Mit Steinzeitwerkzeug in der High-tech-Welt (H. Lutosch & F. Reinhart, Übers.; 1. Auflage). Redline Verlag.

Gazzaniga, M. S., Ivry, R., & Mangun, G. R. (2019). Cognitive neuroscience: The biology of the mind (Fith edition). W.W. Norton & Company.

Gimpel, H. et. al. (2019). Gesund digital arbeiten?! https://doi.org/10.24406/FIT-N-562039.

Goleman, D., Vogel, S., & Goleman, D. (2015). Konzentriert Euch! Eine Anleitung zum modernen Leben (Ungekürzte Taschenbuchausg). Piper.

Gómez-Pinilla, F. Brain foods: the effects of nutrients on brain function. Nat Rev Neurosci 9, S. 568–578. https://doi.org/10.1038/nrn2421.

Haas, O. (2015). Corporate Happiness als Führungssystem. Glückliche Menschen leisten gerne mehr (2. Aufl). Erich Schmidt Verlag.

Haidt, J. (2024). The Anxious Generation How the Great Rewiring of Childhood Is Causing an Epi-demic of Mental Illness. Penguin Books Ltd.

Hari, J. (2022). Abgelenkt: Wie uns die Konzentration abhandenkam und wie wir sie zurückgewinnen. riva.

Hepp, J. (2022). Die Psyche des Homo Digitalis: 21 Neurosen, die uns im 21. Jahrhundert herausfordern. Kösel.

Hirshkowitz, M., Whiton, K., Albert, et al. (2015). National Sleep Foundation's sleep time duration recommendations: methodology and results summary. Sleep Health: Journal of the National Sleep Foundation, Volume 1, Issue 1, 40–43.

Höpker, J. (2017). Erfolg durch Fokus und Konzentration: Über den einzigen Weg, auf dem du dir mehr Zeit, mehr Geld und mehr Glück gleichzeitig in dein Leben holen kannst! Dr. Jan Höpker.

Hufnagl, B. (2014). Besser fix als fertig: Hirngerecht arbeiten in der Welt des Multitasking. Molden.

Jäncke, L. (2021). Von der Steinzeit ins Internet: Der analoge Mensch in der digitalen Welt (1. Auflage). Hogrefe. https://doi.org/10.1024/86150-000.

Kast, B. (2023). Kompass für die Seele: Das Fazit neuester Studien zu Resilienz und innerer Stärke. C. Bertelsmann.

Korte, M. (2021). Hirngeflüster (3. Aufl). dtv.

Krause, K.; Basler, M. & Bürki, E. (2016). BGM voranbringen mit Wirkungsüberprüfungen – ein Leitfaden für Betriebe. Gesundheitsförderung Schweiz Arbeitspapier 38. https://friendlyworkspace.ch/system/files/documents/2022-11/Arbeitspapier_038_GFCH_2016-12_-_Leitfaden_Wirkungsueberpruefung_BGM.pdf. Zugegriffen: 22. Januar 2025.

Lindenberg K., & Holtmann, M. (2022). Einzug der Computerspielstörung als Verhaltenssucht in die ICD-11. Jahrgang 50 Heft 1. https://doi.org/10.1024/1422-4917/a000837.

Maas, R. (2019). Generation Z für Personaler, Führungskräfte und jeden der die Jungen verstehen muss: Ergebnisse der Generation-Thinking-Studie. Hanser. https://doi.org/10.3139/9783446462397.

Maas, R. (2024). Generation arbeitsunfähig: Wie uns die Jungen zwingen, Arbeit und Gesellschaft jetzt neu zu denken (Originalausgabe). Goldmann.

Mark, G. (2023). Attention Span: A Groundbreaking Way to Restore Balance, Happiness and Productivity.

McGinnis, P. J. (2020). Fear of Missing Out: Practical Decision-Making in a World of Overwhelming Choice. Sourcebooks.

Meidert, U., Scheermesser, M., Prieur, Y., Hegyi, S., Stockinger, K., Eyyi, G., Evers-Wölk, M., Jacobs, M., Oertel, B., & Becker, H. (with TA-SWISS). (2018). Quantified Self – Schnittstelle zwischen Lifestyle und Medizin. vdf. https://doi.org/10.3218/3892-7.

Literatur

Montag, C. (2018). Homo Digitalis: Smartphones, soziale Netzwerke und das Gehirn. Springer.

Montag, C. (2021). Du gehörst uns! Die psychologischen Strategien von Facebook, Tik-Tok, Snap-chat & Co – Und wie wir uns vor der großen Manipulation schützen (1. Auflage). Blessing Verlag.

Newport, C. (2022). Konzentriert arbeiten: Regeln für eine Welt voller Ablenkungen (J. T. A. Weg-berg, Übers.; 6. Auflage). Redline Verlag.

Newport, C. (2024). Slow productivity: The lost art of accomplishment without burnout. Portfo-lio/Penguin.

Netzwoche: 40 Prozent der Schweizer Erwachsenen leiden an Smartphone-Sucht | Netzwoche Zugegriffen: 26.2.2025.

Pischel, S., Felfe, J., Krick, A., & Pundt, F. (2023). Gesundheitsförderliche Führung diagnostizieren und umsetzen. In J. Felfe & R. Van Dick (Hrsg.), Handbuch Mitarbeiterführung (S. 1–18). Springer Berlin Heidelberg. https://doi.org/10.1007/978-3-642-55213-7_17-2.

Ratey, J. J., & Hagerman, E. (2008). Spark: The revolutionary new science of exercise and the brain. Little, Brown.

Reason, P. (Hrsg.). (2004). Handbook of action research: Participative inquiry and practice (1. publ., repr). Sage.

Reif, J., Spieß, E., & Stadler, P. (2018). Effektiver Umgang mit Stress: Gesundheitsmanagement im Beruf. Springer.

Ryan, R. M., & Deci, E. L. (2018). Self-determination theory: Basic psychological needs in motivation, development, and wellness (Paperback edition). The Guilford Press.

Sonnentag, S. (2001). Work, recovery activities, and individual well-being: A diary study. Journal of Occupational Health Psychology, 6(3), 196–210. https://doi.org/10.1037/1076-8998.6.3.196.

Stangl, W. (2024). Gübeln. Online Lexikon für Psychologie & Pädagogik. https://lexikon.stangl.eu/4167/rumination.

Starker, V.; Roos, K.; Bracht, E. M.; Graudenz, D. (2022). Kosten von Arbeitsunterbrechungen für deutsche Unternehmen- Auswirkungen von Fragmentierung auf Produktivität und Stressentwicklung. https://nextworkinnovation.com/wp-content/uploads/2023/12/NWI_Tagebuchstudie-Arbeitsunterbrechungen-und-Produktivitaet_131223.pdf Zugegriffen: 18.01.2025.

Strunz, U. (2023). 111 Tipps für einen gesunden Körper: Das Beste für Herz, Gehirn, Darm, Rücken, Gelenke und ein starkes Immunsystem: so bleiben Sie ein Leben lang gesund und fit! (Originalausgabe). Heyne.

Tang, Y. Y., Ma, Y., Wang, J., et al. (2007). Short-term meditation training improves attention and self-regulation. Proc Natl Acad Sci USA. Oct 23; 104(43):17152–6. https://doi.org/10.1073/pnas.0707678104.

Toffler, A. (1990). Future shock. Bantam Books.

Walker, M. (2018): Das grosse Buch vom Schlaf: Die enorme Bedeutung des Schlafs – Beste Vorbeugung gegen Alzheimer, Krebs, Herzinfarkt und vieles mehr. Goldmann Verlag.

WEF Risk Report. (2024). WEF_The_Global_Risks_Report_2024.pdf (weforum.org) Zugegriffen: 26.02.2025.

Hilfsmittelverzeichnis

DeepL Write und Chat GPT 4.o wurden in allen Abschnitten zur Rechtschreibprüfung und zum Teil Ideengenerierung eingesetzt.

The manufacturer's authorised representative in the EU is Springer Nature Customer Service Centre GmbH, Europaplatz 3, 69115 Heidelberg, Germany. If you have any concerns regarding our products, please contact ProductSafety@springernature.com

Printed and bound by CPI Group (UK) Ltd, Croydon, CR0 4YY

23/03/2026

02076397-0007